Für die Freiheitsstrafen.

Beiträge
zur
Lehre von der Strafe.

Von

Dr. R. Sontag,
ord. Professor der Rechte an der Universität Freiburg.

Berlin und Leipzig.
Verlag von J. Guttentag (D. Collin).
1881.

Separatabdruck aus der Zeitschrift für die gesamte Strafrechtswissenschaft.
Bd. I (1881) S. 480—529.

Die Frage des Strafvollzuges, insbesondere des Vollzuges der Freiheitsstrafen, ist durch das Bekanntwerden des Entwurfes eines Gesetzes über die Vollstreckung der Freiheitsstrafen, eine wiederholt von vielen Seiten begehrte Ergänzung des Strafgesetzbuches, von neuem angeregt und hat zu einem harten Kampfe der Gegner und Verteidiger des Besserungszweckes der Strafe geführt. Allein derselbe konnte auf die engen Grenzen des Strafvollzuges nicht beschränkt bleiben, sondern mußte notwendig über diese hinaus auf das weite Gebiet der Strafmittel sich ausdehnen. So gelangte man wieder zu der, schon kurze Zeit nach der Emanation des Strafgesetzbuches von mehreren Schriftstellern, damals freilich ohne ersichtlichen Erfolg, unternommenen Kritik des heute bestehenden deutschen Strafensystems, und letzteres ward jetzt von allen Seiten teils in größerem, teils in geringerem Umfange lebhaft angegriffen.

Offenbar in Rücksicht darauf — denn das Strafensystem bildet ja die Grundlage des Vollzugsgesetzes — ist jener Entwurf über die Vollstreckung der Freiheitsstrafen zurückgezogen, und dem Vernehmen nach zunächst eine umfassende Revision des Strafgesetzbuches in Aussicht genommen. Damit würde eine in den Beratungen des Strafgesetzbuches dem Reichstage erteilte Zusage, auf welche die Novelle von 1876 nur eine geringe Abschlagszahlung war, ihrer Erfüllung entgegengeführt werden.

Sollte diese Annahme sich bestätigen, sollten unsere Regierungen zu der „Umkehr" bewogen sein, statt auf den alten Fundamenten weiter zu bauen, diese selbst einer Neukonstruktion zu unterwerfen, so würde ein so erfreuliches Resultat wohl zu nicht geringem Teile der Abhandlung: „Gegen die Freiheitsstrafen" zu verdanken sein, in welcher Mittelstädt zu Ende des Jahres 1879 mit aller Energie die Besserungstendenzen des modernen Strafvollzuges bekämpfte.[1])

Aber selbst wenn jene Voraussetzungen falsch sein sollten, wenn die Schrift Mittelstädts dieses große Verdienst für sich nicht in Anspruch zu nehmen vermöchte, sie ist auch ohne Rücksicht darauf bedeutend genug, um eine eingehende und unparteiische Prüfung zu erfordern. Und eine solche ist ihr meines Erachtens nicht zu teil geworden. Denn, sieht man von der Tagespresse ab, deren zahlreiche Besprechungen der Streitfrage zwar das allgemeine Interesse an derselben und die Sensation, welche das Auftreten Mittelstädts erregt hatte, bekunden, hier aber außer Betracht gelassen werden müssen, so bleiben wohl nur folgende Arbeiten zu nennen:

v. Schwarze, die Freiheitsstrafe. Leipzig 1880.

A. Streng (Direktor des Zellengefängnisses in Nürnberg), Kritik der Abhandlung Mittelstädts in der Beilage zur Allgemeinen Zeitung 1880 Nr. 23.

C. H. Rittner (Strafanstalts-Direktor a. D.), Randbemerkungen zu Mittelstädts Broschüre „Gegen die Freiheitsstrafen". Hamburg 1880.

W. Lange, das deutsche Strafrecht und die Pädagogik. Hamburg 1880.

J. Bartz (Gefängnisgeistlicher in Plötzensee bei Berlin), „Dr. Mittelstädt und die Einzelhaft", in den Preuß. Jahrbüchern 1881 S. 25—40.

K. Krohne (Strafanstalts-Direktor in Kassel), „Der gegenwärtige Stand der Gefängniswissenschaft" in: Dochow u. Liszts Zeitschrift für die ges. Strafrechtswissenschaft Band I (1881) S. 53—92.

E. Sichart (Direktor des Zuchthauses in Ludwigsburg), „Über Rückfälligkeit der Verbrecher." Heidelberg 1881.[2])

Nimmt man noch Mittelstädts Replik gegen Schwarze in: Im neuen Reich, 1880 Band I S. 605—620 hinzu, so dürfte damit die Zahl der Streitschriften erschöpft sein.

Zunächst fällt es nun auf, daß unter denen, welche in dieser Sache

[1]) Zu vergleichen ist auch dessen noch nicht so weit gehender aber immerhin sehr beachtenswerter Aufsatz: „Reform des deutschen Gefängniswesens" in den Preußischen Jahrbüchern 1877 S. 425 ff. u. S. 487 ff.

[2]) Die bisher im Text genannten Schriften sollen im folgenden nur mit den Namen der Verfasser citiert werden.

bisher das Wort ergriffen haben, sich nur ein einziger Kriminalist befindet, und dieser (Schwarze, Vorwort S. VIII) erklärt ausdrücklich, daß er als „Praktiker“ rede. Außer ihm hat in der strafrechtlichen Litteratur bisher wohl nur Hälschner[1]) die Arbeit Mittelstädts berücksichtigt, aber trotz teilweiser Anerkennung[2]) als verfehlt und durch Schwarze genügend widerlegt erachtet.

Berner[3]) nennt sie nicht einmal, während er doch sogar für die wunderliche Schrift Kräpelins einige, freilich gänzlich unzutreffende Prädikate („ernst und anregend“) übrig hat.[4])

Sicherlich ist das Schweigen der Kriminalisten nicht durch die Form veranlaßt, in welche sich Mittelstädts Erörterungen kleiden. Ist dieselbe auch vielfach unbillig, die Wissenschaft sieht nur auf die Sache und wird sich dadurch, daß Mittelstädt in seiner Replik auf „die Billigung zünftiger Gelehrsamkeit“ verzichtet und nicht für die „einflußlose Schulgelehrsamkeit“, für die „Schriftgelehrten der strafrechtlichen Doktrin“, sondern „frei von dem beengenden Druck des Doktrinarismus“ geschrieben zu haben versichert,[5]) nicht irre machen lassen, sondern die Wahrheit anerkennen, wo und wie sie dieselbe findet.

Vielmehr liegt der Grund jener auffallenden Erscheinung tiefer.

Mit Recht beklagt es Binding[6]), daß in neuerer Zeit der spezielle Teil des Strafrechts über Gebühr vernachlässigt werde; es ist hinzuzufügen, daß dasselbe gilt für die Lehre von der Strafe, und daß Bindings feine Bemerkung, es erkläre sich dies wohl aus der Unbrauchbarkeit des ehemaligen gemeinen Rechts und seiner Quellen, hier in noch viel höherm Grade zutrifft, da das heutige Strafensystem fast völlig modernen Ursprungs ist.

Und diese Zurückhaltung hat sich bereits schwer gerächt. Die Lehre von den Strafmitteln und dem Strafvollzuge ist uns beinahe abhanden gekommen und dem Gebiet der sogenannten Gefängniswissenschaft anheimgefallen, auf welchem die „Praktiker“ herrschen und jeden andern, der sich auf dasselbe wagt, mit ihren „Erfahrungen“

---

[1]) Das gemeine deutsche Strafrecht. Band I 1881 S. 592 Note 2.

[2]) Vergl. S. 636 Note 2.

[3]) Lehrbuch des deutschen Strafrechtes, 11. Auflage 1881.

[4]) Vergl. Vorwort S. X.

[5]) Vergl. Im Neuen Reich S. 607 f., 613. Am wenigsten Beachtung verdient der Vorwurf, die Doktrin habe sich bisher nur „gescheut“, den Besserungszweck ausdrücklich in den Vordergrund zu stellen (S. 613).

[6]) Zeitschrift für die ges. Strafrechtswissenschaft Band I S. 20 f.

zurückzuschlagen versuchen. Auch gegen Mittelstädt hat man die letzteren ins Feld geführt, und er hat dagegen nur eingewendet, daß es nicht darauf ankomme, wie viel man im Leben erfahre, sondern wie das Erfahrene auf den Menschen wirke (N. R. S. 607).

Aber eine Erfahrungswissenschaft, auf der das Experiment gilt, ist das Strafrecht nun doch wohl nicht und soll es auch nicht werden. Daher ist es die höchste Zeit für die Wissenschaft, in den durch Mittelstädt begonnenen Kampf eintretend, ihr verlorenes Terrain zurück zu erobern, zu zeigen, daß, wie das Wesen der Strafe, so auch die daraus abzuleitenden Folgerungen für die Strafmittel und den Strafvollzug nicht nach „Erfahrungen" zu konstruieren sind, und die Gefängniskunde mit aller Hochachtung vor ihrer sonstigen Bedeutung auf die Kreise zu beschränken, die ihr zukommen.

Was nunmehr die oben genannten Praktiker betrifft, so sind es, mit Ausnahme Schwarzes und des Pädagogen Lange, dessen Schrift wenig belangreich ist, nur Gefängnisbeamte, welche sich an der Erörterung beteiligten. Von ihnen stellt sich Rittner auf die Seite Mittelstädts[1]), während Streng, Bartz, Krohne und Sichart ihm entgegentreten.

Da sie alle der Richtung im Strafvollzug angehören, welche von Mittelstädt in der härtesten Weise kritisiert wird, so ist es ja begreiflich, daß sie nicht immer mit der wünschenswerten Ruhe zu antworten vermögen, und daß manche verletzende Angriffe von der einen, ungerechte Vorwürfe von der andern Seite zur Folge haben. So sagt z. B. Krohne (S. 80), Mittelstädt wolle Rückkehr zu den Zuständen, welche Howard vorfand, und Streng (S. 329) meint, der Titel der Schrift Mittelstädts müsse lauten: „für die Prügelstrafe", denn das sei am Ende des Pudels Kern.

Allerdings hat Mittelstädt mehrfach geirrt, wiederholt allgemeine Behauptungen aufgestellt, die sich nicht erweisen lassen, auch sind seine Vorschläge zur Abhilfe des Überhandnehmens der Verbrechen zum Teil unbrauchbar. Das alles ist dann von den Gegnern, namentlich von Schwarze, mit großer Ausführlichkeit dargelegt, und so gewinnt es den Anschein, als sei die ganze Arbeit unbrauchbar und wertlos.

---

[1]) Ob die Art, in welcher Rittner das Buch Mittelstädts, das zum Verständnis „schon eine mehr als gewöhnliche, beinahe fachmännische Fassungsgabe" (S. 4) erfordere, zu mehrerer Deutlichkeit randglossiert, der Sache besonders dienlich sei, läßt sich füglich bezweifeln.

In Wahrheit aber enthält die Polemik gegen den heutigen Strafvollzug, der mehr und mehr auf Besserung der Verbrecher abzielt und, den Charakter der Strafe völlig verwischend, statt ein Übel zuzufügen, eine Wohlthat erweist, so viel des Treffenden und Anerkennenswerten, daß dieselbe volle Beachtung beansprucht und nicht als bereits widerlegt und abgethan übergangen werden darf. Dazu kommt, daß Mittelstädt selbst in seiner Antwort auf Schwarzes Kritik erklärt, gerade dieser Angriff gegen die heute im Strafvollzug herrschenden Tendenzen sei das Wesentliche in seiner Schrift und alles übrige gleichgiltiges Beiwerk.[1])

Darauf wird also die nachfolgende Beurteilung das Hauptgewicht zu legen haben und daher einen andern Weg einschlagen müssen, als der von Mittelstädt verfolgte. Denn dieser versucht, wie dies auch schon in dem Titel der Abhandlung („Gegen die Freiheitsstrafen"), ausgedrückt ist, zunächst die Freiheitsstrafe in ihrer jetzigen Stellung als Centrum des Strafensystems, als die Strafe par excellence, wie sie wohl genannt worden ist, zu bekämpfen, geht dann zu der, freilich einen großen Teil des Buches füllenden Kritik des Vollzuges über und gelangt erst am Schlusse zu dem Ausgangspunkt zurück, indem er hier die Möglichkeit einer Beschränkung der Freiheitsstrafe zu Gunsten anderer Strafarten nachzuweisen unternimmt. Wenn er demnach, wie dies nach seinen eigenen Erklärungen angenommen werden muß, lediglich im Sinne hatte, den Vollzug der Freiheitsstrafen und nicht diese selbst anzugreifen, so ist nicht zu bestreiten, daß seine Arbeit weit über dieses Ziel hinaus schießt.

Allein diese Eigentümlichkeit, die nicht nur die Anlage, sondern den gesamten Inhalt charakterisiert, darf als Fehler nicht bezeichnet werden. Zwar erleichtert sie, wie schon gesagt, die Widerlegung zahlreicher Einzelheiten ungemein, allein andererseits hat ohne Zweifel gerade die besondere Lebhaftigkeit und Energie des Angriffs wesentlich dazu beigetragen, die allgemeine Aufmerksamkeit auf den behandelten Gegenstand zu lenken.

---

[1]) „Woran mir gelegen, war lediglich, gegen die auf die Besserungstendenzen gegründete, das Wesen der Strafe als Strafübel vernichtende vorherrschende Richtung im modernen Strafvollzuge der Freiheitsstrafen Widerspruch zu erheben, das Unklare, Unausführbare, die Rechtsordnung Gefährdende dieser modernen Zeitströmung zu kennzeichnen." — „Der ganze positive Kern des Gegensatzes beschränkt sich auf das einfache Postulat, die Strafen sollen wieder werden, was sie von Gott und Rechts wegen niemals aufhören durften zu sein, ein Strafübel und nur ein Strafübel." Im Neuen Reich S. 610 f.

Das ist dankbar anzuerkennen und dem gegenüber fallen die übertriebenen Anschuldigungen, welche im Laufe der nunmehr angeregten Debatte auf ihr richtiges Maß zurückzuführen sein werden, ganz und gar nicht ins Gewicht. Denn dergleichen findet sich in jeder Streitschrift, und eine Streitschrift im vollsten Sinne des Wortes liegt hier vor. Daß sie zu gelegener Zeit kam, daß dieser, man möchte sagen Aufruf zum Kampfe gegen den übermächtigen Einfluß einer höchst bedenklichen Richtung des Strafvollzuges in vielen Kreisen des Volkes und namentlich unter den Juristen sympathischen Wiederhall fand, ist offenbar.

Auch wird von den Gegnern die Bedeutung des Angriffes und die Gefahr, welche derselbe ihrer Sache zu bereiten geeignet ist, keineswegs unterschätzt. Es erhellt dies nicht nur aus der Zahl der Widerlegungsversuche, sondern auch aus dem oft seltsamen Bestreben derselben, die Anschuldigungen durch die Masse des Beweismaterials gewissermaßen zu erdrücken. Was ist z. B. nicht alles angeführt gegen den Vorwurf, daß der heutige Strafvollzug eine Mitschuld trage an der in hohem Grade bedenklichen, ja beängstigenden, von niemand bestrittenen und auch unbestreitbaren Zunahme der Verbrechen und insbesondere der Rückfälle innerhalb der letzten zehn Jahre.

Da wird vor allem hingewiesen auf die tief liegenden sozialen Schäden der Zeit, das Vorherrschen maßloser Habgier, unersättlicher Genußsucht neben drückender Erwerbs- und Arbeitslosigkeit.[1])

So berechtigt diese Bezugnahme ist, und so wenig es jemandem einfallen kann, den erheblichen Einfluß dieser schlimmen Zustände zu leugnen, oder gar zu verlangen, daß die kranke Zeit von der Strafanstalt aus geheilt werden solle[2]), für sich allein dürfte sie zur Erklärung der vielen Rückfälle schwerlich genügen, und so führt man denn ferner an die Härte des Strafgesetzbuches (Schwarze S. 12), den deutsch-französischen Krieg (Streng S. 329), die Gemeinschaftshaft (Bartz S. 30) und gar den Mangel einheitlicher Leitung im Strafvollzuge (Krohne S. 75).

Es kann hier dahin gestellt bleiben, in wie weit alles dies geeignet sei, den heutigen Strafvollzug zu entlasten, und ob man nicht vielleicht in dem Bemühen, die gegen denselben erhobenen Vorwürfe zu wider-

[1]) Es ist schwer zu verstehen, wie trotz dieser allseitigen Klagen, gegen Mittelstädt der Vorwurf des Pessimismus erhoben und behauptet werden kann, das Volk sei in seinem Kerne gut und gesund.

[2]) Vergl. Ekert in den Blättern f. Gefängniskunde, Band 14 (1880) S. 251.

legen, des Guten ein wenig zu viel gethan habe. Denn diese Fragen sind für die nachfolgende Darstellung ohne Bedeutung, da sie nur beabsichtigt, die wesentlichen Punkte des Streites unter Berücksichtigung der in Bezug auf dieselben vorgebrachten Gründe einer kurzen Prüfung zu unterwerfen.

Diese wesentlichen Streitpunkte betreffen nun aber zunächst den Grund und Zweck der Strafe; es wird daher die Aufgabe des ersten Abschnittes sein, diese zu entwickeln und zu untersuchen, ob ihnen unser heutiges Strafensystem entspricht. Erst dann ist im zweiten Abschnitte die Freiheitsstrafe mit Rücksicht auf ihre einzelnen Arten und auf die für dieselben erlassenen Vollzugsbestimmungen einer eingehenderen Prüfung zu unterziehen.

I.

Es ist ein wunderlicher Irrtum, dem beide Parteien verfallen, daß die absolute Theorie, welche die Strafe an das Verbrechen knüpft und aus diesem allein rechtfertigt, heute gänzlich verlassen und als ein überwundener Standpunkt zu erachten sei. Im Gegenteil bietet gerade sie der neueren Doktrin die feste Grundlage, und auf dieser sind die zur Zeit herrschenden Vereinigungstheorien entstanden, welche sich nur dadurch von jener und zugleich von einander unterscheiden, daß sie den von den relativen Theorieen aufgestellten Strafzwecken einen gewissen, bald größern, bald geringern Einfluß zugestehen. Jedes System, jedes Hand- und Lehrbuch der letzten Jahrzehnte gibt davon hinreichend Kunde.

Zwar hat in neuester Zeit Ihering [1]) versucht, seine Zwecktheorie auch für das Strafrecht zu verwenden, die Sicherung der Gesellschaft als einzigen Grund der Strafe zu erweisen, allein bisher fast ohne Erfolg; unbeirrt sind die Kriminalisten [2]) auf dem Boden der absoluten Theorie stehen geblieben, denn nur sie vermag dem staatlichen Strafrecht die innere Festigkeit und dessen Grundsätzen den dauernden Bestand zu gewähren, welcher gerade auf diesem Rechtsgebiet vor allem andern unentbehrlich ist.

Die relativen Theorieen dagegen genügen diesen Erfordernissen niemals, weil sie, anstatt auf die gegebenen Thatsachen, auf das der

---

[1]) Der Zweck im Recht, Band I (1877) S. 364.

[2]) Von einigen wenigen Ausnahmen darf wohl abgesehen werden. Unter ihnen ist namentlich hervorzuheben v. Liszt, Das deutsche Reichsstrafrecht (1881) S. 2—5.

Vergangenheit Angehörende sich zu beschränken, im wesentlichen mit einer äußerst ungewissen Zukunft, mit dem, was sich etwa ereignen könnte, rechnen.

Nach ihrer Grundanschauung muß der Staat, der die allgemeine Sicherheit zu erhalten verpflichtet ist, die in dem Verbrechen hervortretende Gefahr für diese Sicherheit beseitigen, und es rechtfertigt sich die Strafe als das ausschließlich dazu geeignete Mittel. Das begangene Verbrechen kommt also nur in Betracht als ein Anzeichen gefährlicher Gesinnung, und die Strafe hat weiter keinen Zweck, als die wiederholte Begehung von Verbrechen zu verhüten.

Giebt man nun auch zu, daß die Strafe nicht ohne alle Beziehung auf die Zukunft gerechtfertigt werden kann, so vermögen doch diese Theorieen den notwendigen Zusammenhang zwischen dem Verbrechen und der Strafe nicht zu erweisen.

Denn nicht aus dem Verbrechen allein, sondern auch aus zahlreichen anderen Handlungen läßt sich eine die Zukunft des Rechtslebens gefährdende Gesinnung entnehmen, und nicht immer und unbedingt weist das Verbrechen eine solche Gefahr auf. Andererseits ist die Strafe, auch wenn man sie als Mittel der Sicherung anerkennen wollte, doch niemals das ausschließlich dazu geeignete Mittel, vielmehr dienen derselben zahlreiche andere und mindestens sehr viel zweckmäßigere Mittel, zu denen z. B. die später noch zu besprechenden Maßregeln gegen Jugendliche und gegen die Veteranen des Verbrechertums gehören.

Demnach ist nicht einzusehen, weshalb nur das Verbrechen einen Anlaß zur Strafe bieten und nur dem Verbrecher gegenüber das Sicherungsmittel der Strafe zur Anwendung gelangen soll.

Auch lassen diese Theorieen es unerklärt, warum Strafe dann noch eintritt, wenn eine Gefahr gar nicht mehr zu befürchten steht. Was hat es für einen Sinn, denjenigen abzuschrecken, der etwa im Begriff ist auszuwandern oder aus sonst irgend welchem Grunde als ungefährlich für die Zukunft erachtet werden muß. Ebenso fragt man die Besserungstheorie vergeblich nach einer Rechtfertigung der Bestrafung des reumütigen, zerknirschten Sünders. Freilich hat Schwarze (S. 6) auch dafür eine Antwort, allein es ist kaum anzunehmen, daß er irgend jemanden befriedigen wird mit der Versicherung: „Auch auf den Totschläger, der in schwerer Reue seine That beklagt, wird die Strafe einen sein inneres Leben immer mehr veredelnden Eindruck machen können.“

Die soeben genannten Theorieen der Abschreckung und der Besserung sind aus dem Kreise der relativen Theorieen die einzigen, welche sich in die heutige Zeit hinübergerettet haben; von ihnen wird jene mit besonderer Energie durch Mittelstädt, diese durch dessen oben aufgezählte Gegner vertreten. Allein, was immer zu ihren Gunsten vorgebracht werden mag, es reicht nicht aus, um die gegen alle relativen Theorieen entscheidenden Gründe auch nur abzuschwächen, geschweige denn zu beseitigen, und dazu kommt, daß gerade diese beiden Theorieen in ihren Konsequenzen das rechtlich zulässige Maß der Strafe am wenigsten einzuhalten vermögen.

Das ist im folgenden noch nachzuweisen, dagegen scheint es überflüssig, die „Erfahrungen" heranzuziehen, welche mit dieser oder jener Theorie in der Praxis gemacht sind. Daß sich bisher beide nicht bewährten, unterliegt gar keinem Zweifel, indessen ist daraus mit Sicherheit nichts zu folgern, da die Vermehrung oder Verminderung der Verbrechen nicht blos vom Strafprinzip, sondern auch von zahlreichen anderen und oft viel wirksameren Faktoren bedingt ist. Zwar verweisen die Verteidiger der Besserungstheorie (z. B. Schwarze S. 13, Streng S. 329) triumphierend auf den Mißerfolg der Abschreckungstheorie in den ersten Dezennien dieses Jahrhunderts, allein sie ignorieren dabei nicht nur den damaligen, in hohem Grade verschlechternden Vollzug der Freiheitsstrafen, sondern sogar die entschieden nachteiligen Folgen der französischen Invasion. Es ist das um so eigentümlicher, als man heute für die Unwirksamkeit der Besserungstheorie den Krieg von 1870/71 verantwortlich machen will, dessen Einfluß mit den Verwüstungen deutschen Bodens und deutscher Sitte, welche die Kriege zu Anfang dieses Jahrhunderts über unser Vaterland brachten, auch nicht entfernt verglichen werden kann.

Die Abschreckungstheorie, von deren einzelnen Arten hier abzusehen ist, will die Sicherheit erreichen durch Abschreckung; die Strafe soll abschrecken, darin liegt nach Mittelstädt (S. 21 und N. R. S. 615) ihr unverjährbarer Rechtstitel.

Allein die Abschreckung muß, wenn sie bei der überaus verschiedenen Abschreckungsbedürftigkeit der Menschen wirksam sein will, zu Strafen greifen, welche das von der Gerechtigkeit gesetzte Maß weit überschreiten [1]), und wird, allmählich zu immer größerer Härte

---

[1]) Auch Mittelstädt S. 37, 66 bietet dafür ein lehrreiches Beispiel, wenn er die Freiheitsstrafe durch Hunger und Prügel und intensivste Zwangsarbeit

gedrängt, zuletzt in Grausamkeit und Brutalität ausarten, ohne jemals ihren Zweck ganz zu erreichen.

Denn es ist eine unleugbare Thatsache (ein „ehernes Gesetz" nennt es Krohne), daß, je brutaler die Strafe, desto brutaler das Verbrechen ist, und daß ungerechte und übertriebene Härte zur Demoralisierung und Verwilderung des Volkes mit Notwendigkeit führen muß.

Diese unvermeidliche Konsequenz genügt vollkommen, die Unhaltbarkeit der Abschreckungstheorie zu erweisen.

Zu ganz demselben Resultat gelangt man bei näherer Prüfung der Besserungstheorie, die, so sehr sie auch der Abschreckungstheorie im Prinzip widerspricht, doch in die gleichen Willkürlichkeiten verfällt. Ja, sie verletzt die der Strafe von der Gerechtigkeit gesetzten Grenzen wenn möglich in noch höherm Grade und vermag doch ebensowenig den Endzweck der relativen Theorie, die Sicherung des Gemeinwesens, zu erreichen.

Dieselbe, sehr viel jünger als die Abschreckungstheorie [1]), steht in wesentlichem Zusammenhange mit den Freiheitsstrafen und hat daher mit deren allmählicher Ausdehnung in gleichem Maße an Bedeutung gewonnen. [2])

Sie will die Sicherheit erreichen durch Besserung des Verbrechers, die Strafe soll bessern.

Allein die Besserungsstrafe enthält einen unlöslichen Widerspruch in sich, denn Besserung ist nicht Strafe, und sobald man dieses Erfordernis in die Strafe aufnimmt, muß sich notwendig deren eigentlicher Gehalt verflüchtigen, und an die Stelle des Übels tritt die Wohlthat.

Wenn dem gegenüber behauptet wird, der Kern der Strafe sei die Sühne (Schwarze S. 2 ff.), so ist das einfach falsch, denn die Sühne bezieht sich auf das Innere des Menschen, auf die Gesinnung, sie ist

---

schärfen will, wenn er verlangt: „Der Gefangene soll rücksichtslos angespannt und erbarmungslos angetrieben werden, soweit das Mark seiner Knochen und die Sehnen seines Fleisches es ertragen."

[1]) Schwarze (S. 7) beruft sich gegen diese auch von Mittelstädt angeführte Thatsache auf die römischen Schriftsteller! Einer Widerlegung bedarf das zwar nicht, vergl. indessen die treffende Bemerkung Mittelstädts N. R. S. 612.

[2]) Daraus erklärt es sich wohl, daß Mittelstädts Polemik sich auch gegen die Freiheitsstrafen richtet. Doch ist dessen Annahme falsch, daß durch die Besserungstheorie die Freiheitsstrafe zu ihrer fast ausschließlichen Herrschaft gelangt sei, vielmehr hat, wie im Text angegeben, gerade umgekehrt erst die Freiheitsstrafe der Besserungstheorie die Wege geebnet.

erst mit aufrichtiger Reue und sittlicher Umwandlung erreicht; die Strafe aber soll lediglich die rechtliche, nicht die sittliche Schuld treffen und hat daher mit der Sühne nichts zu schaffen.

Aus guten Gründen! Denn der Staat faßt das Verbrechen nicht als Sünde und nicht als Unsittlichkeit (eine solche ist es nicht einmal immer), sondern als Rechtsbruch und bethätigt die Herrschaft des Gesetzes durch Reaktion gegen den rechtswidrigen Willen.

Darüber hinaus zu gehen ist nicht seines Amtes und kann es schon um deshalb nicht sein, weil er wohl die rechtliche, niemals aber die sittliche Verschuldung sicher zu ermessen vermag.[1])

Es ist demnach nicht, wie man behauptet, eine tiefere Erfassung des Begriffs der Strafe, wenn man als deren Zweck die sittliche Wiedergeburt des Verbrechers verkündet, sondern eine Verkehrung des Wesens der Strafe und ein Mißverständnis der Aufgaben des Staates gegenüber dem Verbrecher.

Ist sonach schon das Prinzip der Besserungstheorie ein durchaus falsches, so sind nicht minder verwerflich die daraus abgeleiteten Konsequenzen.

Auf das Innere des Verbrechers, wie hier beabsichtigt wird, einzuwirken, ist erst dann möglich, wenn sich dieses Innere uns erschließt, und diese Bedingung wird eine harte Strafe, ein empfindliches Übel, in der Regel nicht zu erfüllen vermögen. Ist es also erforderlich, zunächst das Vertrauen des Gefangenen zu erwerben, so muß man ihm mit humaner Gesinuung, freundlichem Mitgefühl und herzlichem Wohlwollen entgegen kommen, es muß sich der strenge Zuchtmeister in einen milden Menschenfreund verwandeln und aus der nun einmal unumgänglichen Freiheitsstrafe alle Schärfe und Schneidigkeit entfernen.

Einzelhaft und Zwangsarbeit, anstatt die Intensität des Strafübels zu steigern, werden daher zu Wohlthaten, jene soll die Einkehr des Sträflings in sich selbst erwirken und ihn ermahnendem Zuspruch zugänglich machen, diese seine technische Ausbildung fördern und ein Segen für ihn werden.

Und dazu tritt dann der Schulunterricht, diese „bleibende Wohlthat" (Streng S. 329), der sich nicht etwa darauf beschränkt, den Analphabeten Lesen, Schreiben und allenfalls noch Rechnen zu lehren,

---

[1]) Nach Schwarze (S. 3) freilich soll der Richter bei Abmessung der Strafe den Grad der sittlichen Verschuldung berücksichtigen!

sondern weit darüber hinaus auf das Gebiet der Naturwissenschaften, auf Geschichte, Geographie, Turnen und — Gesang sich erstreckt.

Und das Alles nennt man dann Strafe und glaubt es genügend gerechtfertigt zu haben durch Hinweis auf die Erziehungspflicht des Staates. Als wenn das Gefängnis der Ort wäre, diese Staatspflicht zu bethätigen!

Ob diese individuelle Zwangserziehung mit ihren Hilfsmitteln der Einzelhaft, der Arbeit und des Unterrichts überhaupt imstande ist, Besserung zu erzielen [1]), ob auch nur die für diese überaus schwierige Aufgabe erforderlichen Kräfte in dem Beamtenpersonal der Strafanstalten vorhanden sind [2]), mag hier dahingestellt bleiben. Denn es genügt, darauf hinzuweisen, daß Wohlthaten zu erzeigen niemals die Aufgabe der Kriminalstrafe sein kann und daß eine darin aufgehende Gefängnisedukation den Ernst der Strafe und damit die Furcht vor der Strafe beseitigt.

Man wird daher Mittelstädt zustimmen müssen, wenn er (N. R. S. 618) erklärt: „Eine Strafart, die so eingerichtet ist, daß große Schichten des Volkes in ihr ein Übel nicht mehr erblicken, weil sie nach der Enge und Gebundenheit ihres gewöhnlichen freien Daseins die bloße Entziehung der Freiheit als keine Entbehrung empfinden, die übrigen Existenzbedingungen im Gefängnisse aber für sie eher Anziehendes als Abstoßendes haben — und so verhält es sich thatsächlich nicht mit einzelnen abnormen Subjekten, sondern mit der erheblichen Durchschnittsmasse heutigen proletarischen Verbrechertums, mit der Mehrzahl unserer Diebe, Bettler, Vagabunden u. s. w. — eine solche Strafart wirkt positiv demoralisierend und degenerierend auf die gesamte Rechtsordnung.“ [3])

---

[1]) Bestritten wird es nicht allein von Mittelstädt und Rittner, sondern namentlich auch von Lange.

[2]) Schwarze (S. 32) verneint es, behauptet aber, es sei Pflicht des Staates, diesem ersten Erfordernis zu genügen und tüchtige Leute heranzubilden.

[3]) Vergl. auch Hälschner, Strafrecht S. 636 Note 2: „Es erscheint heut freilich fast verpönt daran zu erinnern, daß die Strafe, so wenig die Abschreckung ihr einziger, sie rechtfertigender Zweck ist, doch geeignet sein muß eventuell auch abschreckend zu wirken; mit Trendelenburg, Naturrecht S. 157 daran zu erinnern, daß „ohne daß das Gesetz gefürchtet wird, seine Macht nicht hergestellt ist,“ daß es keinen Preis giebt, der zu hoch wäre, wenn er gezahlt werden muß, um die rechtlich geordnete menschliche Gemeinschaft vor Auflösung zu wahren. Daran erinnert zu haben, ist immerhin ein Verdienst der angeführten Schrift von Mittelstädt.“ Ferner Geyer in „Nord und Süd“ Band 18

Soll trotzdem dieser nach der Behauptung Schwarzes und seiner Parteigenossen allein zur Sicherung des Gemeinwesens führende Weg eingeschlagen werden, dann ist doch mindestens zu erfordern, daß derselbe auch bis an sein Ende verfolgt werde. Man scheut sich heute noch wohlweislich vor diesem Ziele und nur einige beherzte Männer haben dasselbe bereits glücklich erreicht.

Ist die Freiheitsstrafe Besserungsstrafe, so sind die verschiedenen Arten derselben nicht nur überflüssig, sondern geradezu ein Hemmnis, und daher verlangte Thonissen auf dem Stockholmer Kongreß (vergl. Krohne S. 68—70), daß das Gesetz sich in Zukunft mit nur einer Freiheitsstrafe für alle noch so verschiedenartigen Verbrechen begnüge.

Soll aber die Besserung, wie man doch verlangen müßte, durch diese Strafe auch erreicht werden, dann kann man sich an das vom Richter zugemessene Strafquantum in keiner Weise binden, denn es läßt sich nicht vorausbestimmen, wie viel Zeit die sittliche Wiedergeburt der einzelnen Individuen in Anspruch nehmen wird. Schon Röder ward daher zu der Konsequenz gedrängt, die Abschaffung des Strafmaßes zu fordern, und nun bedarf es nur noch eines Schrittes, und wir sind am Ziele, wie es uns der Irrenarzt E. Kräpelin schildert, der in seinem Buche „Die Abschaffung des Strafmaßes" (Stuttgart 1880) keineswegs, wie der Titel besagt, das Strafmaß, sondern wie Hälschner S. 592 Note 2 mit Recht bemerkt, die Strafe überhaupt abschaffen und die Verbrecher nach Art der Geisteskranken behandeln will. Warum auch nicht! Steckte das vorige Jahrhundert die Irrsinnigen ins Zuchthaus, warum soll unsere so aufgekärte Zeit nicht einmal umgekehrt die Zuchthäusler ins Irrenhaus bringen!

Das ist das Ende der Besserungstheorie. Man wende dagegen nicht ein, die Besserung sei nur ein berechtigter Nebenzweck der Strafe, denn unser moderner Strafvollzug erweist das Gegenteil, sie ist nicht blos Nebenzweck und kann es ihrer ganzen Natur nach nicht sein.

(1881) S. 181: „Es muß auffallen, daß unsere Zeit, welche so eifrig bemüht ist, den schuldigen Verbrecher nicht als einen bloßen Gegenstand des Abscheues und der Rache anzusehen und zu behandeln, vielmehr hier und da sogar die Neigung zeigt, ihm in zu weit gehender Weichherzigkeit sein Los zu einem beinahe beneidenswerten zu gestalten, andererseits einen so geringen Eifer zeigt, dem Unschuldigen Genugtuung für die Leiden und Verluste zu bieten, welche ihn infolge der Untersuchung getroffen haben."

Auch wäre es eine unklare Halbheit, die Besserung als das einzig zuverlässige Mittel der Sicherung des Gemeinwesens zu proklamieren und sie dann als Nebenzweck bei Seite zu schieben.

Blicken wir auf die Abschreckungstheorie zurück, so ergeben sich nunmehr sehr bemerkenswerte Vergleiche zwischen dieser und der Besserungstheorie, die das alte Wort von der Berührung der Gegensätze wieder einmal bestätigen.

Wirkt die Abschreckungstheorie demoralisierend durch die Härte ihrer Strafen, so auch die Besserungstheorie dadurch, daß sie der Strafe den Charakter eines ernsten, empfindlichen Übels entzieht.

Muß die Abschreckungstheorie infolge der unendlich verschiedenen Abschreckungsbedürftigkeit der Menschen über jedes rechtlich zulässige Strafmaß hinausgehen, so führt die Besserungstheorie infolge der ebenfalls äußerst verschiedenen Besserungsbedürftigkeit sogar zur Abschaffung des Strafmaßes.

Und wollte man endlich diesen Theorieen alle die Konzessionen machen, welche die Konsequenzen ihrer Prinzipien erfordern, so würde doch keine von beiden jemals imstande sein, den Endzweck, welchen sie sich gesetzt haben, die Sicherung des Gemeinwesens, in auch nur annähernder Vollständigkeit zu erreichen.

Trotzdem hat zwar nicht die Abschreckungstheorie, wohl aber die Besserungstheorie heute zahlreiche Anhänger, wenn es auch nicht richtig ist, daß unter Gelehrten und Ungelehrten Einverständnis darüber herrsche, daß für die Bedeutung der Freiheitsstrafe ausschließlich der Besserungszweck entscheidend sei (Mittelstädt S. 20), da in den Kreisen der „einflußlosen Schulgelehrsamkeit“ die Zahl der Vertreter dieser Ansicht, wenigstens in Deutschland, verschwindend klein ist.

Vielmehr sind es gerade die Praktiker und zwar vor allem unsere Gefängnisbeamten, welche zum großen Teil für die Besserungsstrafe in entschiedenster Weise eintreten und, da ihnen der Vollzug der Freiheitsstrafen überlassen ist, beim Mangel ausreichender gesetzlicher Vorschriften ihre Theorie auch praktisch sehr wohl zu verwerten vermögen.

Darin liegt gerade das Gefährliche unserer Situation, und die Notwendigkeit gegen diese Richtung aufzutreten und zu zeigen, daß sie falsch ist, und daß sie durchaus nicht den Rückhalt in den Kreisen des Volkes und namentlich der Juristen hat, den zu besitzen sie gestützt auf das bisherige Schweigen und Gehenlassen glauben mußte.

Den Widerspruch dagegen energisch angeregt zu haben, das ist, wie schon hervorgehoben ward, das bleibende Verdienst Mittelstädts.

Und dieser Widerspruch, wenn er nur entschieden und deutlich genug von den verschiedensten Seiten sich vernehmen läßt, wird auch unzweifelhaft auf unsere Gesetzgebung heilsam wirken und sie abhalten, die abschüssige Bahn weiter zu verfolgen, welche sie mit Aufnahme der bedingten Entlassung, und nicht nur mit dieser allein, bereits eingeschlagen hat.

Denn ist es falsch, zu behaupten, daß die staatliche Strafgesetzgebung heute, wie vor hundert Jahren, unverrückt auf dem Standpunkte der Abschreckung und nur der Abschreckung stehe und § 23 im ganzen Strafgesetzbuche die einzige Andeutung eines möglichen Besserungszweckes der Freiheitsstrafen enthalte (Mittelstädt S. 51, 54).

Das deutsche Strafgesetzbuch hat sich so wenig wie das preußische irgend einer bestimmten theoretischen Richtung angeschlossen, nur waltet in ihm in viel höherm Maße, als in seinem Vorbilde, die Tendenz der Milderung der Strafen vor. Daß man in dieser Milde zu weit gegangen war, beweist die Novelle von 1876, welche vielfach die Strafen erhöhen mußte, nicht etwa um der Abschreckung zu dienen, sondern um der Forderung, die Strafe in ein gerechtes Verhältnis zur Schuld zu setzen, zu entsprechen.

Der Einfluß der Besserungstheorie tritt zwar in dem Institut der bedingten Entlassung am deutlichsten hervor, allein er ist auch ersichtlich in der Beseitigung der lebenslänglichen Ehrenfolgen, in der Begrenzung der zeitlichen Zuchthausstrafe und ganz besonders in der heutigen Gestaltung der Polizeiaufsicht. Es dürfte dringend erforderlich sein, hier überall zu revidieren. —

Erweisen sich die bisher besprochenen Theorieen der Abschreckung und der Besserung als völlig unbrauchbar sowohl in ihrem Prinzip, als in den daraus gezogenen Folgerungen, so bedarf es keines Nachweises, daß es unmöglich ist, durch Vereinigung dieser beiden eine brauchbare Straftheorie zu konstruieren, aus zwei zerrissenen Röcken, wie Feuerbach sagte, ein Staatskleid zusammenzuflicken. Eine Sicherungstheorie, die zugleich abschrecken und bessern, also Feuer und Wasser mit einander mischen will, ist in sich so widerspruchsvoll, daß es vollkommen rätselhaft erscheint, wie sich auch heute noch Vertreter derselben (v. Liszt und Sichart) finden können.

So bleibt denn, da die übrigen relativen Theorieen einen Anspruch auf Berücksichtigung nicht mehr zu erheben vermögen, nur noch die absolute Theorie als einzige und auch, wie im folgenden zu erweisen sein wird, allein richtige Theorie übrig, die, wie schon Abegg dargethan hat, vollkommen ausreicht, die Forderungen der sogenannten Vereinigungstheorie, soweit sie berechtigt sind, zu erfüllen.

Der deutschen Philosophie verdanken wir die Aufstellung dieser Theorie, und wenn auch die Form, welche ihr Kant und Hegel gaben, als ungeeignet verworfen werden mußte, der Grundgedanke, daß die Strafe nur aus dem begangenen Verbrechen gerechtfertigt werden könne, wird ewig unverloren bleiben.

Das Recht stellt in seinen Normen Anforderungen an den Willen, ist ein Willensgesetz und muß als solches vernunftgemäß in seinem Ansehen und Bestande aufrecht erhalten werden gegenüber dem Ungehorsam, dem Unrecht. Diese schlechthin notwendige Forderung zu erfüllen, die Herrschaft des Rechts zu bethätigen, dessen Macht zu behaupten, ist die erste Pflicht des Staates.

Muß demnach der Staat gegen das Unrecht, also gegen jede rechtswidrige Handlung und Unterlassung im Interesse des Rechts reagieren, so kann er doch in der Wahl der zu dieser Reaktion dienenden Mittel in keiner Weise beschränkt werdeu, denn die Vernunft erfordert nur, daß, nicht wie gegen das Unrecht reagiert werde.

Als Reaktionsmittel stehen dem Staate zur Verfügung der Ersatz und die Strafe, und mag er nun das eine oder andere, mag er beide vereint anwenden, immer entscheidet darüber allein sein pflichtgemäßes Ermessen.

Sonach ist die Frage, auf welches Unrecht Strafe zu folgen habe, nicht prinzipiell zu entscheiden, sondern abhängig von den eigentümlichen Bedürfnissen jeder Zeit, bedingt durch den gesamten, jeweiligen Kulturzustand der Nation. Das Verbrechen ist ein historischer Begriff, es umfaßt dasjenige Unrecht, welches in einem bestimmten Staate zu bestimmter Zeit mit Strafe geahndet wird, und so sicher die überwiegende Zahl der Verbrechen immer und überall wiederkehren müssen, ebenso sicher wird es vergeblich bleiben, einen inneren Unterschied, eine feste Grenzlinie zwischen dem Civilunrecht und dem Kriminalunrecht aufzusuchen.

Ergiebt diese Auffassung auf der einen Seite eine Abweichung von der ursprünglichen Gestaltung der absoluten Theorie, so sichert sie andrerseits der relativen Theorie den Einfluß, welcher ihr gebührt.

Die Strafe rechtfertigt sich zwar aus dem Unrecht, aber sie ist nicht die notwendige und unmittelbare Folge einer bestimmten Art dieselben, kein kategorischer Imperativ, kein religiöses Gebot, sondern der Staat setzt sie nach eigener freier Entschließung fest und wird dabei stets sich leiten lassen von den Rücksichten auf das Gemeinwesen und dessen Fortentwickelung. So dient dieselbe unzweifelhaft der Zukunft des Rechtslebens [1]); aber erklärt kann sie nur werden aus dem Unrecht, dem Bruch der Rechtsordnung, nicht aus dessen von den relativen Theorieen in der willkürlichsten Weise geltend gemachten Folgen, aus denen angeblich eine Gefährdung der Sicherheit des Gemeinwesens resultieren soll.

Ist aber die Strafe die vom Staate gesetzte Rechtsfolge des Unrechts, so kann ihr Zweck nur Vergeltung sein, nicht Wiederherstellung des Rechts, noch Tilgung des Unrechts, denn über das Vergangene haben wir keine Macht, den einmal begangenen Rechtsbruch vermögen wir nicht ungeschehen zu machen.

Als Vergeltung muß sie den im Unrecht zur Erscheinung kommenden rechtswidrigen Willen treffen, muß ihn die Macht und die Herrschaft des Gesetzes fühlen lassen; nicht aber vermag sie ihn zu negieren, wie noch häufig mit Hegel behauptet wird; nicht Negation, sondern nur Repression kann ihre Aufgabe sein.

So stellt sie sich dar als Willenszwang und schließt daher ihrem Wesen nach die Besserung gänzlich aus, denn die von dieser beabsichtigte Umgestaltung des Willens, die Sinnesänderung läßt sich niemals erzwingen.

Die Strafe aber soll und muß zwingen und gerade weil dies direkt nicht zu erreichen, der Wille nicht unmittelbar zu treffen ist, so greift sie in die Rechtssphäre des Verbrechers ein. In dieser hat der Wille sich ein äußeres Dasein gegeben, in den Rechtsgütern erscheint er verkörpert, und indem die Strafe sich gegen diese richtet, trifft sie vermittels dieser den Willen.

Daher sind die Rechtsgüter zugleich die einzig möglichen und einzig wirksamen Mittel der Strafe.

Und, wenn irgendwo, so tritt in diesen Strafmitteln der Gedanke der Vergeltung klar zu Tage. Denn der Rechtsbruch hat einen der Schwere desselben entsprechenden Eingriff in den Rechtskreis des Ver-

---

[1]) Daß man damit den Boden der relativen Theorie betrete, wie Schwarze (S. 2, 3) meint, ist nicht zuzugeben; es würde dies vielmehr erst geschehen, wenn man die Strafe rechtfertigen wollte aus irgend welchen mit ihr für die Zukunft zu erreichenden Zwecken.

brechers, hat Rechtsentziehung oder Rechtsminderung zur Folge; es wird also, soweit dies möglich ist, Gleiches mit Gleichem vergolten.

Nur freilich ist von einer buchstäblichen Gleichheit, von einer Talion im eigentlichen Sinne keine Rede. Denn dieser Forderung einer Gleichsetzung kann allein dadurch genügt werden, daß das Verbrechen in seiner Bedeutung für das Volksleben erfaßt wird, und daß in die Gleichung nicht bloß der etwaige äußere Erfolg des Rechtsbruches, sondern dessen gesamter rechtlicher Wert Aufnahme findet.

Dieser rechtliche Wert ist aber kein fest bestimmter, sondern setzt sich aus zwei Faktoren zusammen, dem Angriffsobjekt des Verbrechens und dem rechtswidrigen Willen des Verbrechers, deren Gewicht mannigfachen Schwankungen unterliegt.

Denn zunächst hat das von der Rechtsordnung geschützte Gut, gegen welches das Verbrechen sich richtet, auch bei demselben Volke in den verschiedenen Perioden seiner Entwickelung eine äußerst ungleiche Bedeutung. Von den Gliedertaxen der germanischen Volksrechte bis auf das deutsche Strafgesetzbuch ließen sich dafür zahlreiche Beweise erbringen.

Sodann unterliegt nicht minder abweichender Beurteilung der rechtswidrige Wille. Darf derselbe auch nur in so weit in Rechnung gestellt werden, als er in der verbrecherischen Handlung erkennbar hervortritt, so erinnern doch schon die Gegensätze des dolus und der culpa, der offenen trotzigen Gewalt und der heimlichen verschmitzten List zur Genüge an die vielen hier möglichen und aus der Strafrechtsgeschichte nachweisbaren Differenzen in der Wertschätzung desselben.

Und endlich sind diese zwei Faktoren wohl niemals völlig gleich geachtet, vielmehr ist bald der objektiven, bald der subjektiven Seite des Verbrechens das größere Gewicht beigelegt worden.

Diese zahlreichen Verschiedenheiten in der Bedeutung des Verbrechens, bedingt durch jene Faktoren und ihr Verhältnis zu einander, müssen notwendig im Laufe der Zeit eben so viele Änderungen des Strafmaßes in der Gleichung zwischen Verbrechen und Strafe nach sich ziehen.

Daher hat die absolute Theorie sich damit zu begnügen, dasjenige Strafmaß als durch die Gerechtigkeit geboten anzuerkennen, welches den jeweiligen Anschauungen des Volkes und der Zeit entspricht. So wenig sie zu entscheiden vermag, welches Unrecht als Verbrechen zu strafen sei, eben so wenig darf sie den Versuch wagen, ein absolut gerechtes Strafmaß aufzustellen. Vielmehr hat sie nur zu fordern, daß die Strafe der Bedeutung des Rechtsbruches für das Gemeinwesen, dem rechtlichen Werte des Verbrechens, entspreche.

In weiser Beschränkung auf das ihr zustehende Gebiet bilden sonach ihre Gebote gleichsam den Rahmen, innerhalb dessen Verbrechen und Strafe sich ausgestalten. In diesen Grenzen entscheiden die wechselnden sittlichen und intellektuellen Zustände und Anschauungen des Volkes darüber, wie weit das Unrecht zu strafen und welches dessen rechtlicher Wert und das dem entsprechende Strafmaß sei.

Die rechtliche Vergeltung, deren Wirkung die Genugthuung ist, verlangt nichts als eine gerechte Strafe in dem oben angegebenen Sinne; es soll dem Verbrecher dadurch zu teil werden, was er durch seine That verdient hat. [1])

Fassen wir die bisherigen Ausführungen über das Strafprinzip [2]) zusammen, so ergeben sich aus der absoluten Theorie diese Bestimmungen:

Das Verbrechen begreift diejenigen rechtswidrigen Handlungen (Unrecht), welche im Staate mit Strafe bedroht sind.

Die Strafe ist Zwang gegen den rechtswidrigen Willen und richtet sich als solcher gegen die Rechtssphäre des Verbrechers.

Das Strafmaß bestimmt sich ausschließlich nach dem rechtlichen Werte des Verbrechens.

Somit ist der Zweck der Strafe nur Realisierung der Gerechtigkeit, allein nicht einer über den Menschen waltenden, allmächtigen, die Tiefen der sittlichen Schuld ergründenden, sondern der staatlichen Gerechtigkeit, die im Volke und seiner Kultur ihre Grundlage hat, die das Recht setzt um des Volkes willen und das Verbrechen straft, um die Macht und Autorität dieses Rechts zu bethätigen.

Diese Gerechtigkeit vermag daher auch die besonderen Zwecke der relativen Theorie zu verwirklichen, soweit sie überhaupt darauf einen Anspruch erheben können.

Denn trotzdem die Strafe sich nur auf das Vergangene beziehen und dem Rechtsbruch gemäß abstufen darf [3]), sie dient gleichwohl der Zukunft, indem sie das Ansehen des Rechts aufrecht erhält und kräftigt und in dem Verbrecher das Gefühl seiner Abhängigkeit und

---

[1]) Vergl. H. Meyer im Gerichtssaal Band 33 (1881) S. 102.

[2]) Vergl. zu denselben namentlich Hälschner, Strafrecht §§ 222 — 229 und Binding, Grundriß zur Vorlesung über Strafrecht, 2. Auflage 1879, § 70.

[3]) A. M. Berner, Lehrbuch S. 32 f., der mit Berufung auf ein unrichtiges physikalisches Beispiel das Strafmaß bestimmt nach Gerechtigkeit und Abschreckung und Besserung.

seiner Schuld hervorzurufen und dadurch die Besserung anzubahnen geeignet ist.

So wirkt sie indirekt für die Sicherung des Gemeinwesens und auf diese indirekte Wirkung muß sie beschränkt bleiben, soll sie ihren Charakter als gerechte Reaktion gegen das Unrecht bewahren. —

Was nunmehr die Strafmittel betrifft, so gilt von ihnen dasselbe, wie von dem Verbrechen und von der Strafe; so wenig sich diese a priori bestimmen lassen, eben so wenig die Strafmittel. Alle Rechtsgüter des Verbrechers stehen dem Staate gleichmäßig zur Verfügung, und zu verlangen ist nur, daß sie den Zuständen, den Bedürfnissen und Anschauungen der Nation entsprechen und den Zwecken zu genügen vermögen, welche, wie oben gezeigt, mit der Strafe erreicht werden sollen.

Daher ist das erste Erfordernis eines jeden Strafmittels, daß es der gemeinen Meinung als empfindliches Übel sich darstelle. Gleichgiltig ist, ob der Verbrecher im konkreten Falle es als Übel oder als Wohlthat oder sonst wie auffaßt (a. M. Schwarze S. 2), auf die Empfindungen des Einzelnen kommt nichts an, dagegen muß es allgemein als empfindliches Übel, nicht bloß als ein Übel, das man empfindet, gelten. Der Unterschied liegt auf der Hand, er ist gleich dem zwischen einem Schmerz, den man empfindet und einem empfindlichen Schmerz.

Nur das Strafmittel, dessen Inhalt eine empfindliche Einbuße an Rechtsgütern, vermag der Strafe die ernste Bedeutung zu verleihen, deren sie im Interesse der Rechtsordnung dringend bedarf.[1]) Nur unentwegte Gerechtigkeit und unerbittliche Strenge, nicht aber unmenschliche Grausamkeit und übertriebene Härte oder weichherzige Milde und überströmende Humanität vermögen die Zukunft des Rechtslebens auf die Dauer sicher zu stellen.

Das zweite, nicht minder bedeutungsvolle Erfordernis des Strafmittels ist, daß es nicht verschlechtere. Hat auch der Staat niemals den Beruf, durch seine Strafe unmittelbar zu bessern, so ist er doch verpflichtet, jedes Strafmittel abzuweisen, das der Besserung hindernd in den Weg treten könnte. Sowohl in der Wahl der Strafmittel, wie in der Vollziehung der Strafen muß er daher schon die Möglichkeit der Verschlechterung auszuschließen suchen.[2])

[1]) Danach ist der Verweis selbst in dem geringen Umfange, in welchem ihn § 57 des Strafgesetzbuches zuläßt, als Kriminalstrafe nicht zu empfehlen.

[2]) Selbst wenn die Einzelhaft keine andere Bedeutung hätte, als die Ver=

Beide Forderungen zusammen bilden den Prüfstein für die Auswahl und die ganze Gestaltung der Strafmittel. —

Als Strafmittel, deren sich der Staat bedienen kann, stehen, wie schon angegeben, die sämtlichen Rechtsgüter des Verbrechers zur Wahl und danach sind zu scheiden die Leibesstrafen im weitern Sinne und die Strafen am Gut des Verbrechers. Zu jenen gehören die Todesstrafe, die Leibesstrafen im engern Sinne und die Freiheitsstrafen, zu diesen die Ehrenstrafen, als Strafen an dem immateriellen Rechtsgut der Ehre und die Vermögensstrafen, die Strafen am materiellen Gut.

Was zunächst die Todesstrafe betrifft, so hat unser Strafgesetzbuch dieselbe, bekanntlich nach langem Kampfe im Reichstag, aufrecht erhalten für den Mord und einige Fälle des Mordversuches, ist also in der Beschränkung derselben gegenüber der großen Mehrzahl der Partikulargesetze sehr weit gegangen.

Die Berechtigung des Staates die Todesstrafe zu verhängen, kann füglich nicht bezweifelt werden, dagegen ist es fraglich, ob und in welchem Umfange der heutige Kulturzustand dieselbe erfordert. Es ist hier nicht der Ort, in eine Untersuchung darüber einzutreten; keinesfalls lassen unsere heutigen Zustände eine noch engere Begrenzung dieses Strafübels ratsam erscheinen.

Daß die vom Gericht ausgesprochenen Todesurteile auch vollzogen werden sollen, wie Mittelstädt (S. 76 f.) verlangt, ist im Prinzip gewiß richtig, allein die allerdings auffallend häufig eintretenden Begnadigungen entziehen sich schon um deshalb der allgemeinen Kritik, weil für dieselbe eine genaue Kenntnis jedes einzelnen Falles unbedingt erforderlich wäre.

Von den Leibesstrafen im engern Sinne ist in Deutschland seit Einführung des Strafgesetzbuches auch die einzige, welche noch in Frage kommen kann, die Strafe der körperlichen Züchtigung, gänzlich unpraktisch geworden, nachdem sie schon lange zuvor in der großen Mehrzahl der Partikularstaaten beseitigt war.

Für ihre Wiedereinführung, wenn auch nur in sehr geringem Umfange, ist Mittelstädt (S. 81 f.) eingetreten. Er empfiehlt sie zunächst als Hauptstrafe für besonders frechen bubenhaften Frevel, für boshafte Sachbeschädigung, Körperverletzung und ähnliche Niederträchtigkeiten halbwüchsiger Jugend an Stelle kurzzeitiger Freiheitsstrafen. Demnach

---

schlechterung zu verhüten, so würde sie schon um deshalb als Vollzugsart der Zuchthausstrafe entschieden anzustreben sein.

würde sie nicht ausschließlich angedroht werden, sondern dem Richter nur gestattet sein bei einigen Verbrechen in Rücksicht auf Alter, Geschlecht und Lage des Falles auf dieselbe zu erkennen.

Allein diesem Vorschlage stehen große Bedenken entgegen. Die körperliche Züchtigung hat freilich als Disziplinarmittel in Haus, Schule und Werkstatt ihren sehr guten Sinn; wenn jedoch darauf gestützt Mittelstädt (S. 82) es für rätselhaft hält, dasjenige, was dort bestehe, dem Staate zu versagen, so giebt er auf derselben Seite die Antwort, daß nämlich „die Prügelstrafe in den kalten, schwerfälligen Formen staatlichen Strafvollzuges gehandhabt, immer noch himmelweit ein ander Ding ist, als die einfache Züchtigung in Haus und Familie“.

Und diese Antwort ist vollkommen hinreichend, um daraufhin gegen die Prügelstrafe zu votieren. Die Prügel sind Zuchtmittel und als solche nur dienlich, wenn sie in continenti appliziert werden. Das geschieht denn auch in Haus, Schule und Werkstatt regelmäßig, da es geradezu sinnlos wäre, ein Kind eines Ungehorsams wegen nicht sofort, sondern etwa erst nach Verlauf von acht Tagen zu züchtigen.

Nur auf der Stelle angewendet wirkt dies Zuchtmittel „drastisch“ und meistens heilsam bei dem Unerwachsenen, wie bei dem — Hunde darf man wohl hinzufügen, da es hier ja nur darauf ankommt, an die tierische Natur des Menschen zu appellieren.

Je länger der Zwischenraum ist von der That bis zur Exekution, desto mehr wird sich ihre günstige Wirkung in das Gegenteil verkehren, und zieht man nun erst die „schwerfälligen Formen“ nicht nur des staatlichen Vollzuges, sondern namentlich des Verfahrens, die oft viele Wochen nach der That erfolgende Aburteilung in Rechnung, so ist es klar, daß die Züchtigung als Strafmittel nicht nur wertlos bleiben, sondern geradezu demoralisierend wirken muß.

Man wird nicht anzuerkennen vermögen, daß die körperliche Züchtigung „an sich“ ein ebenso vernünftiges, ebenso gerechtes Strafübel sei, als Freiheitsberaubung (Mittelstädt S. 81).

Entschieden erklären sich dagegen Sichart (S. 29) und namentlich Lange (S. 26 f.)[1]), während außer Rittner (S. 34) auffallenderweise gerade diejenigen Gegner Mittelstädts, die am unbedingtesten den Besserungszweck der Strafe betonen (Schwarze S. 42, Bartz S. 28 f., Streng S. 331), für die Prügelstrafe eintreten.

---

[1]) Vergl. auch Hälschner, Strafrecht § 222.

Nicht minder verwerflich ist aus demselben Grunde Mittelstädts Vorschlag (S. 84), die Prügelstrafe (wohl nach Art des alten Willkommens und Abschieds) als verschärfenden Zusatz der Freiheitsstrafen einzuführen, und ganz unhaltbar die Begründung, daß, was den Gefängnisbeamten im Gefängnis zustehe, doch auch dem Strafrichter erlaubt sein müsse. Denn Strafe und Zucht sind nun einmal ganz verschiedene Dinge.

In den Korrektionshäusern für Jugendliche und ebenso in den Arbeitshäusern haben die Prügel als Disziplinarmittel ihren berechtigten Platz, und wenn sie als solches, wie vielfach behauptet worden ist, in den Zuchthäusern unentbehrlich sein sollten, so würde man sie dort beibehalten bezw. weiter zulassen müssen, denn der Einwand Berners (Lehrbuch S. 246), daß die Prügel „den Menschen nur als tierischen Leib betrachten", ist um deshalb nicht stichhaltig, weil im Zuchthause die meisten Disziplinarmittel, wie z. B. Hungerkost und Dunkelarrest, sich gegen den tierisch empfindenden Leib wenden.

Ob jedoch die Prügel im Zuchthause in der That unentbehrlich sind, müssen die „Erfahrungen" entscheiden, unzweifelhaft ist es wohl nicht, denn in Baden behilft man sich schon lange sehr gut ohne dieselben und in den äußersten Fällen thut der Strafstuhl seine Schuldigkeit.

Wollte man nun aber auch Mittelstädts Vorschläge bezüglich der Wiedereinführung der körperlichen Züchtigung in vollem Umfange annehmen, so wäre damit doch nur ein sehr wenig ausgiebiger Ersatz für die Freiheitsstrafen geboten und deren Bedeutung dadurch noch in keiner irgendwie erheblichen Weise abgeschwächt.

Wohl in Rücksicht darauf empfiehlt Mittelstädt (S. 77—80) mit ganz besonderer Wärme die Deportation.

Dieselbe wäre allerdings ein ganz zweckmäßiges Mittel, um die Verwaltungen von dem „heillosen Menschenstoff", von dem Abschaum unserer Strafanstalten, den immer von neuem rückfälligen Gewohnheits-Verbrechern zu befreien, keineswegs aber zulässig an Stelle aller langwierigen Freiheitsstrafen (S. 80), da die Dauer der Strafe doch nicht allein entscheiden kann.

Indessen ist der Streit, ob Deportation oder nicht, vorläufig nur ein akademischer, denn Deutschland besitzt keine Kolonieen und wird, wie Schwarze (S. 41) richtig bemerkt, solche, wenn überhaupt, so doch am wenigsten erwerben, um dort Verbrecher unterzubringen.

Auch dürften die Verbrecherkolonieen dem „armen" Deutschland noch sehr viel unerschwinglichere Kosten auferlegen, als der Bau einer Anzahl von Zellengefängnissen erfordert (Mittelstädt S. 34).

Da nun gegenüber den Veteranen des Verbrechertums auch wohl in anderer, freilich nicht so gründlicher Weise als durch Strafkolonieen, nämlich durch Arbeitshäuser, auf die unten zurückzukommen ist, Abhilfe geschafft werden kann, so darf man die Frage der Deportation vorläufig wohl auf sich beruhen lassen. Für Mittelstädts Vorschlag erklärt sich, jedoch nur bedingungsweise, Bar (S. 29), gegen ihn aber Krohne (S. 78) in Übereinstimmung mit dem Stockholmer Kongreß, Schwarze (S. 41 f.), Lange (S. 24 f.) und selbst Rittner (S. 35 f.). —

So bleibt denn von den sämtlichen Leibesstrafen immer nur die Freiheitsstrafe (abgesehen von der nur für wenige Fälle verwendbaren Todesstrafe) zur Verfügung und wird schwerlich jemals aus ihrer Stellung als Centrum des Strafensystems und als regelmäßiges Strafmittel verdrängt werden, da sie allein geeignet ist, allen den Anforderungen, welche an die Strafmittel gestellt werden müssen, soweit dies überhaupt möglich ist, zu entsprechen.

Nicht die Freiheitsstrafe in ihrer Herrschaft zu beschränken, sondern dieselbe mit Rücksicht auf den dargelegten Strafzweck in geeigneter Weise umzugestalten, dürfte daher die Aufgabe der Zukunft sein.

Bevor jedoch auf dieselbe (im nächsten Abschnitt) näher eingegangen werden kann, sind hier noch einige in neuerer Zeit von mehreren Seiten und auch von Mittelstädt mit vollem Recht empfohlene Mittel, dem Überwuchern des Verbrechertums zu steuern, zu besprechen.

Sie sind keine Straf-, sondern lediglich Vorbeugungs-Mittel, die in das Gebiet der Staatspolizei fallen und mit der Freiheitsstrafe nichts zu thun haben. Sie wollen ausschließlich sichern und können daher nicht streng genug von den Strafmitteln getrennt werden.

Dahin gehören die Maßregeln gegen Personen jugendlichen Alters und gegen die Veteranen des Verbrechertums.

Der Staat hat nicht nur die Pflicht, die Verbrecher zu bestrafen, sondern auch der Begehung von Verbrechen zu prävenieren. Dazu wird die Strafdrohung allein niemals genügen, und aus diesem Grunde rechtfertigen sich die hier in Frage stehenden Maßregeln zur Sicherung des Gemeinwesens in vollem Umfange und werden in ihrer hohen Bedeutsamkeit auch von den Gegnern Mittelstädts einmütig anerkannt. Gerade auf diesem überaus wichtigen Gebiet ist aber bisher noch wenig geleistet, und die hier einschlagenden Fragen, die freilich nicht nur rechtlicher Natur sind, bedürfen noch gar sehr der Klärung.

Es kann selbstverständlich nicht die Aufgabe dieser Abhandlung sein, näher darauf einzugehen, da sie außerhalb des Themas derselben liegen, allein das Interesse, welches dieselben beanspruchen, wird eine kurze Hindeutung rechtfertigen.

Das vornehmste und sicherlich erfolgreichste dieser Präventivmittel ist die zwangsweise Erziehung verwahrloster und verbrecherischer Jugend, für welche die bisher in unseren Gesetzen und insbesondere in den §§ 55—57 des Strafgesetzbuches angeordneten Maßregeln nicht ausreichen. Es bedarf daher einer gründlichen Revision dieser, beim Mangel der erforderlichen Anstalten meistens nicht einmal ausführbaren Bestimmungen, soll der fortdauernden Rekrutierung des Verbrechertums aus der Jugend, namentlich der großen Städte, wirksam vorgebeugt werden.

In seinem eigensten Interesse muß der Staat für die Erziehung des heranwachsenden Geschlechts in ausgiebigster Weise und nicht nur durch Anordnung des Volksschulunterichts sorgen.

Insbesondere soll er die Verbringung in das Korrektionshaus nicht abhängig machen von Begehung eines Verbrechens, sondern dieselbe anordnen, wo immer sich herausstellt, daß die Familie nicht befähigt ist, den Jugendlichen vor Müßiggang und Laster zu bewahren. Statthaft ist dies zweifellos, denn hier, aber auch nur hier handelt es sich um Wohlthaten, die erwiesen, nicht um Strafen, die zugefügt werden sollen.

Im Korrektionshaus, nicht aber in der Strafanstalt, sollen daher die Besserungstendenzen herrschen, hier ist die breiteste Basis für eine erfolgreiche und wahrhaft ersprießliche Wirksamkeit derselben. Hier wird andrerseits auch die körperliche Züchtigung vollkommen an ihrem Platze sein.

Im Prinzip herrscht darüber wohl allgemeines Einverständnis [1]), allein die Ausführung bietet mannigfache Schwierigkeiten. Meines Erachtens kann nur eine Radikalkur helfen, und es müßten deshalb zunächst die Altersgrenzen des Strafgesetzbuches (12 und 18 Jahr) zu Gunsten der ehemaligen preußischen Bestimmung (16 Jahr) wieder beseitigt werden, soviel historische Berechtigung diese Zweiteilung auch haben

[1]) Vergl. Mittelstädt (S. 67 ff.) und in den preußischen Jahrbüchern, 1877 (S. 495 ff.), Schwarze (S. 14 f., 38 f.), Rittner (S. 29 ff.), Krohne (S. 75 ff.), Sichart (S. 74, 81).

mag. Denn das zwölfte Jahr ist zu niedrig und das achtzehnte Jahr zu hoch gegriffen.

Nicht jedoch in dem Sinne ist diese Rückkehr zu der preußischen Grenzlinie gemeint, daß nun selbst Kinder unter sieben Jahren (wie es zwar nicht in Preußen, wohl aber in Frankreich geschehen ist) zur Feststellung der „erforderlichen Einsicht" dem Gericht vorgeführt werden sollen, vielmehr geht die Absicht dahin, bis zum vollendeten sechzehnten Lebensjahre jede Kriminalstrafe grundsätzlich auszuschließen.

In Wahrheit steht bereits § 57 des Strafgesetzbuches auf diesem Boden, denn die besonderen Anstalten, welche er verlangt, dürften sich von den Besserungshäusern für Jugendliche kaum unterscheiden; die besonderen „Räume" aber genügen nach einstimmigem Urteil nicht.

Vor der Vollendung des sechzehnten Lebensjahres kann von einer vollen strafrechtlichen Verantwortlichkeit wohl nicht die Rede sein, es hat also auch eine Kriminalstrafe keinen Sinn, vielmehr muß hier von Staats wegen erzogen werden, und alle Personen unter sechzehn Jahren (die Grenze nach unten läßt sich nicht mit voller Sicherheit ziehen) sollen, mögen sie nun Handlungen begangen haben, die das Gesetz mit Strafe bedroht, oder sich sonstwie als verwahrlost erweisen, der Nach-Erziehung, der korrektionellen Zucht, nötigenfalls bis zum zwanzigsten Jahre, unterworfen werden.

Mit sechzehn Jahren aber möchte eine besondere Untersuchung der Einsicht überflüssig und unbedingt Strafe zu verhängen sein, vorausgesetzt natürlich, daß das Strafensystem unseres Gesetzbuches einer zweckmäßigen Umgestaltung unterzogen würde. —

Die Durchführung des zweiten Vorschlages, Arbeitshäuser für Veteranen betreffend, würde für Deutschland etwas gänzlich Neues schaffen, da diese Institute mit den Arbeitshäusern, auf welche sich § 362 des Strafgesetzbuches bezieht, doch wohl nicht in Verbindung gebracht werden können. Derselbe ist wohlbegründet und ernstester Erwägung zu empfehlen.

Es ist unleugbar, daß unsere Zuchthäuser eine ganze Anzahl älterer Verbrecher in sich fassen, an welchen die Strafe spurlos vorübergeht, verkommene Subjekte, denen gegenüber von einer Repression keine Rede mehr ist, geschweige denn, daß sie abgeschreckt oder gebessert werden könnten.

Sie haben durch langjährigen Wechsel von Ausschweifungen und Entbehrungen aller Art jeden innern Halt und jede Spur einer Willensenergie verloren und verlassen das Zuchthaus immer nur auf kurze Zeit, weil sie völlig unfähig sind, ihre Leidenschaften zu beherrschen.

Diese Stammgäste der Strafanstalten sind nicht nur eine Plage für die Zuchthausverwaltungen, sondern eine permanente Gefahr für die bürgerliche Gesellschaft, auf welche sie jedesmal nach Ablauf ihrer Strafzeit wieder losgelassen werden.

Von der Strafrechtspflege zu verlangen, sich mit diesen Individuen immer von neuem abzumühen, ist in der That absurd (Mittelstädt S. 70), und es hat daher der Vorschlag, dieselben auf unbestimmte Zeit oder auf Lebenszeit in Arbeitshäuser unterzubringen, allgemeinen Anklang gefunden. [1])

Indessen gehen auch hier, so einig man in der Sache selbst ist, bezüglich der Ausführung die Meinungen sehr weit auseinander.

Schwerlich dürfte meines Erachtens diese Verbringung in ein Arbeitshaus als Nachstrafe, etwa in der Art der Polizeiaufsicht an die Zuchthausstrafe sich anschließen, und eben so wenig bereits der dritte Rückfall eine hinreichend sichere Grundlage für diese schwerwiegende Maßregel bieten.

Unter allen Umständen aber müßte man darauf bestehen, die Verhängung derselben dem Richter zuzuweisen und nicht der Polizeibehörde zu überlassen, eine Forderung, die freilich Mittelstädt (S. 72) auf „die alte Idiosynkrasie gegen den Polizeistaat" zurückzuführen beliebt.

II.

Die letzte der als Hauptstrafen verwendbaren Leibesstrafen ist die Freiheitsstrafe, welche in Deutschland zuerst durch das preußische allgemeine Landrecht, dann namentlich durch das bayerische Gesetzbuch von 1813 geregelt, in verschiedene Arten gesondert und abgestuft, im weitern Verlauf dieses Jahrhunderts die fast ausschließliche Herrschaft im Strafensystem erlangt hat.

Man gründet diese hervorragende Stellung meistens darauf, daß die Freiheitsstrafe infolge ihrer großen Abstufbarkeit und Teilbarkeit am vollständigsten den verschiedenen Graden der Verschuldung sich anpassen lasse und daß sie, soweit es überhaupt Individuen gegenüber möglich, gleichmäßig, oder doch am wenigsten ungleichmäßig wirke. [2])

---

[1]) Vergl. Schwarze S. 47, Rittner S. 32 f., Bartz S. 29, Krohne S. 81 ff., Sichart S. 39 f.

[2]) A. M. ist Mittelstädt (preuß. Jahrbücher 1877 S. 433), welcher behauptet, es sei kaum eine Strafe denkbar, die ungleicher wirke.

Allein selbst wenn man dies leugnen wollte, würde doch ein letzter und bedeutsamster Vorzug der Freiheitsstrafe für dieselbe (in der hier allein in betracht kommenden Form der Einsperrungsstrafe) unbedingt den Ausschlag geben müssen.

Die Strafe soll, wie oben ausgeführt ist, ihrem Wesen nach als Willenszwang sich darstellen, und je deutlicher in dem Strafmittel dieser Charakter sich auszuprägen vermag, desto tauglicher ist dasselbe. Kein einziges der denkbaren Strafmittel vermag nun diesem Erfordernis in vollerem Umfange zu entsprechen, als gerade die Freiheitsstrafe, denn nicht ein bloßes Erdulden, wie in der Todesstrafe, der eigentlichen Leibesstrafe und der Deportation, sondern auch, ja gerade in ganz hervorragendem Maße ein Handeln, eine Leistung ist ihr Kern. Der Gefangene wird während der ganzen Dauer seiner nach dem Wert des Rechtsbruches, des Ungehorsams bemessenen Strafzeit zum unbedingtesten Gehorsam gezwungen, er muß thun, was ihm die Beamten befehlen, was ihm die Hausordnung vorschreibt, er muß (wenigstens im Zuchthause) sein bestimmtes Quantum Arbeit liefern u. s. w.

Gerade darin, in diesem kontinuierlichen Beugen des verbrecherischen Willens unter das Gesetz und dessen Vollstrecker liegt die wahre Bedeutung der Freiheitsstrafe, liegt ihr Wert; das ist der Grund, welcher sie zur Strafe par excellence erhebt und in dieser Stellung erhalten wird trotz aller zum Teil begründeten Einwendungen, die sich derselben entgegenstellen lassen; denn diese werden niemals, auch wenn man ihnen das größtmögliche Gewicht beilegen wollte, imstande sein, jenen einen Vorzug aufzuwiegen.

Nicht aber hat, wie schon erwähnt ward, erst die Besserungstheorie der Freiheitsstrafe ihr Ansehen und ihre Macht verliehen, und darum wird auch der grundsätzliche Verzicht auf Besserung und Erziehung nicht vermögen, das auf Herrschaft der Freiheitsstrafe gegründete System zu erschüttern und die übrigen Strafmittel wieder zu Ehren zu bringen. Denn diese sind zwar zu Gunsten der Freiheitsstrafe in Verfall geraten (Mittelstädt S. 73 f.), doch nicht um der Besserung willen, sondern weil sie den Anschauungen der heutigen Zeit und einer geläuterten Auffassung der Strafe nicht entsprechen, weil sie deren wahren Charakter nicht mit genügender Deutlichkeit ausprägen.

Einen vollgiltigen Beweis ihrer Bedeutung bietet Mittelstädt selbst, wenn er trotz seines Kampfes, „pro libertate“, trotzdem er die „unkörperliche Freiheit“, den „Inbegriff inhaltsleerer Abstraktionen“

als Objekt der Strafe entschieden verwirft [1]), doch nicht ohne dieselbe auszukommen und keine irgendwie erheblichen Ersatzmittel dafür zu bieten vermag.

So wird denn auch in Zukunft die Freiheitsstrafe den Platz behaupten, welchen ihr unser Strafgesetzbuch einräumt, sie wird das normale Strafmittel bleiben, neben dem nur für die schwersten Fälle die Todesstrafe und für besonders leichte Fälle die Geldstrafe zu verwenden ist.

Streitig könnte nur sein, ob die Unterscheidungen der einzelnen Arten der Freiheitsstrafe, wie das Strafgesetzbuch sie festsetzt, Billigung verdienen.

Allein selbst diese Frage darf man heute wohl als entschieden betrachten, denn fast allgemein wird das geltende System der Freiheitsstrafen als unhaltbar verworfen. Dieses Urteil ist in letzter Zeit [2]) so häufig und von so vielen Seiten begründet, daß hier einige kurze Andeutungen genügen werden.

Der Grundfehler in der Abstufung der Freiheitsstrafen liegt darin, daß man statt der verbrecherischen Gesinnung lediglich die Schwere des Verbrechens als Ausgangspunkt nahm und daher mit keiner einzigen Strafart Ehrenfolgen unbedingt verknüpfte.

Infolge dessen sind die zwei bei Verbrechen und Vergehen regelmäßig verwendeten Freiheitsstrafen, die streng von einander geschieden sein müssen, Zuchthaus und Gefängnis, fast vollständig verschmolzen, drei Jahre Zuchthaus und drei Jahre Gefängnis sehen sich so ähnlich, wie ein Ei dem andern. Denn mit beiden können in gleichem Umfange Ehrenfolgen verbunden werden, die Zwangsarbeit ist in jedem größern Gefängnis gerade so wie im Zuchthaus eingeführt, und auf die Fähigkeiten und Verhältnisse des Verbrechers nimmt man bei Zuteilung der Arbeit in beiden Anstalten Rücksicht, einen Schneider verwendet man auch im Zuchthause nicht zur Schlosserei oder Schmiedearbeit.

---

[1]) S. 4 ff.; vergleiche dagegen die ganz korrekte Auffassung S. 81 f.: „In zahlreichen Fällen ist lange Gefangenschaft eine unendlich quälendere, zerstörendere Körperstrafe, als irgend eine andere denkbare Form physischer Züchtigung. Nur die thörichte Selbsttäuschung des Besserungszweckes . . . konnte eine so offenkundige Thatsache verdunkeln."

[2]) Vergl. aber schon v. Buri im Gerichtssaal 1871 S. 99 ff. und Sontag, die Festungshaft, Leipzig 1872.

So ist die Gefängnisstrafe im Grunde nichts, als eine Zuchthausstrafe zweiten Grades.

Dieser Zustand [1]), den das Gesetz noch dadurch begünstigt, daß es bei mildernden Umständen und in einigen Fällen sogar beim Versuch Gefängnisstrafe an Stelle der Zuchthausstrafe treten läßt, wird auf die Dauer unerträglich und kann nur durch gänzliche Umgestaltung des Strafensystems beseitigt werden, nicht aber genügt ein so kläglicher Notbehelf, wie ihn § 16 des nunmehr zurückgestellten Entwurfes eines Vollzugsgesetzes bietet. [2])

Und wie verhält es sich nun mit den zwei anderen Freiheitsstrafen, der Festungshaft und Haft? Im Gesetz stehen sie einander abgesehen von der Dauer völlig gleich, da die für die erstere besonders vorgeschriebene Beaufsichtigung der Beschäftigung und Lebensweise doch auch wohl bei der Haft nicht entbehrt werden kann.

In der Praxis dagegen sind vier Wochen Festungshaft und vier Wochen Haft wesentlich verschieden; erstere ist in ihrem heutigen Vollzuge kaum noch eine ernste Strafe, ein empfindliches Übel zu nennen, während die letztere durch die Gesellschaft, in welche sie den Gefangenen bringt, überaus hart und ungerecht werden muß.

Da sitzen in dem oft zum Erdrücken vollgestopften kleinen Amtsgerichtsgefängnisse Untersuchungsgefangene der gefährlichsten Art, ferner Anfänger im Diebshandwerk, die ihre kurzzeitigen Gefängnisstrafen hier verbüßen, dann Bettler, Landstreicher und Müßiggänger, die das Arbeitshaus erwartet, eng bei einander. Und zu diesem Volke sperrt man den ehrlichen Mann, der wegen einer Übertretung, auch wohl einer Beleidigung zur Haft verurteilt ward oder die ihm auferlegte Geldstrafe zu zahlen nicht vermochte. —

Kann demnach die Notwendigkeit einer vollen Umgestaltung unseres heutigen Systems der Freiheitsstrafen nicht bestritten werden, so zeigen doch die zum Zweck einer Neukonstruktion gemachten Vorschläge noch manche schwerwiegenden Verschiedenheiten.

Zwar darin ist man einig, daß der Versuch des Gesetzes, die Ehrenschmälerung von der Zuchthausstrafe zu trennen und die alte und wohlbegründete Volksanschauung, welche das Zuchthaus als ent-

---

[1]) Vergl. darüber auch Mittelstädt in den preuß. Jahrbüchern 1877 S. 491 und namentlich Krohne S. 70 f.

[2]) „Sträflinge, welche sich im Besitze der bürgerlichen Ehrenrechte befinden, können bei Gemeinschaftshaft die Absonderung von solchen Gefangenen, welche sich nicht im Besitze der bürgerlichen Ehrenrechte befinden, verlangen."

ehrend betrachtet, zu korrigieren, ein vollkommen verfehlter war. Allgemein geht deshalb jetzt die Absicht dahin, grundsätzlich die Strafarten anzupassen nicht der Schwere des Verbrechens, sondern der in demselben hervortretenden Gesinnung und dieser entsprechend entehrende und nicht entehrende Strafen streng von einander zu sondern. [1])

Unverkennbar ist ferner das Bestreben, die Zahl der Freiheitsstrafen zwar nicht bis auf eine hinabzudrücken, denn diese „seltsame Phantasie" (Geyer S. 397) kann nur aus dem Besserungsfanatismus entspringen, aber doch gegenüber dem Strafgesetzbuche, also auf drei oder auf zwei zu beschränken. [2])

Für drei Arten der Freiheitsstrafe treten namentlich ein Schwarze und Geyer, aber sie unterscheiden sich dadurch, daß Schwarze zwei davon für entehrende Verbrechen, Geyer gerade umgekehrt die Mehrzahl für nichtentehrende Verbrechen verwendet.

Schwarze glaubt, daß die öffentliche Anschauung mit dem Namen „Zuchthaus" nicht nur den Ehrverlust, sondern zugleich den Begriff des schwersten Verbrechens verbinde und fordert daher für die minder schweren Verbrechen, insbesondere für die Eigentumsvergehen die Arbeitshausstrafe, wie sie früher in Sachsen und anderen deutschen Ländern bestand.

Allein wenn die öffentliche Meinung mit dem Zuchthaus nicht den Begriff des entehrenden, sondern nur des besonders schweren entehrenden Verbrechens verknüpfen sollte, so wäre sie unbegründet und unbeachtlich.

Die entehrende Zucht des Zuchthauses ist bei allen Verbrechen, die aus ehrloser Gesinnung entspringen, gleichmäßig notwendig, und es ist daher gänzlich überflüssig eine Zuchthausstrafe zweiten Grades, wie unser heutiges Gefängnis ist und das frühere Arbeitshaus war, beizubehalten.

---

[1]) So Hälschner, Strafrecht § 249, Berner, Lehrbuch S. 30, Geyer in der Zeitschrift für vergleichende Rechtswissenschaft, Band I (1878) S. 384 ff., H. Meyer a. a. O. S. 133, v. Buri a. a. O. S. 101 ff, Schwarze S. 45 f., Mittelstädt in den preuß. Jahrbüchern 1877 S. 491 und viele Andere.

[2]) Eine eigentümliche Ausnahme macht H. Meyer, welcher behauptet, die Gerechtigkeit erfordere für Verbrechen, Vergehen und Übertretungen je drei Strafen, eine entehrende, eine nichtentehrende und eine positiv anständige Art. Das giebt in Summa neun und nähert sich bedenklich dem Spanischen. (Vergl. über den Codigo Penal reformado vom 17. Juni 1870 Geyer a. a. O. S. 385 f.) Und alle neun, die hier verlangt werden, setzen auch noch den unmöglichen Nachweis voraus, daß die Gerechtigkeit die Dreiteilung der Verbrechen erfordere!

Der Verfasser dieser Abhandlung ließ sich früher zu einer ähnlichen Dreiteilung bestimmen [1]), geleitet durch die Motive zum zweiten Entwurf des Strafgesetzbuches. Diese erklären (S. 49), und dahin dürfte auch wohl die Meinung Schwarzes gehen, daß eine Herabsetzung des Minimum der Zuchthausstrafe unter ein Jahr mit Charakter und Zweck derselben schwer in Einklang zu bringen sei. Allein nur, wenn die Zuchthausstrafe als Besserungsstrafe charakterisiert wird, ist dies richtig, nur wenn man Besserungsversuche anstellen will, braucht man für Erzielung etwaiger Erfolge mindestens ein Jahr.

Denn das Erfordernis einer besonders strengen Zucht und Repression ist für sich allein nicht in der Weise von der Zeitdauer bedingt, daß ein Jahr als äußerste Grenze festgehalten werden müßte.

Geyer begnügt sich anscheinend mit nur einer entehrenden Strafe, dem Zuchthause; allein er glaubt, daß man nicht alle Verbrecher ohne ehrlose Gesinnung dem gleichen Strafvollzuge unterwerfen dürfe, da zwar für gewisse Klassen, wie namentlich politische Verbrecher und Duellanten, einfache Freiheitsentziehung genüge, nicht aber für Personen, deren Verbrechen aus rücksichtsloser Rohheit oder Leidenschaftlichkeit entsprungen seien. Für diese bedürfe es vielmehr einer gewissen methodischen Zucht und bessernden Einwirkung, und daher sei die für diese zu bestimmende Gefängnisstrafe doch in gewissem Grade demütigend und also für die erstgenannte Kategorie von Verbrechern nicht anwendbar.

Daraufhin konstruiert er denn für letztere eine Haftstrafe, bei welcher die Gefangenen in Nahrung, Kleidung, Beschäftigung, Verkehr, ja zum Teil selbst bezüglich der Wohnung, „soweit es irgend mit dem Ernst der Strafe verträglich", unbeschränkt sein sollen.

Mit einer so gestalteten Haft dürfte jedoch das Erfordernis eines empfindlichen Übels schwerlich zu vereinigen sein, während umgekehrt eine Gefängnisstrafe, wie sie Geyer proponiert, mit Zwangsarbeit, Sträflingskleidung, Gefängniskost und bessernder Zucht sich nur durch Vorbehalt der Ehrenrechte von der Zuchthausstrafe unterscheidet und daher ebenfalls entehrend ist, denn die ganze Art der Behandlung, nicht die Ehrenrechte allein oder auch nur hauptsächlich, entscheiden über den Charakter der Freiheitsstrafe.

Dazu kommt, daß die übertriebene Milde für die zur Haftstrafe auserkorenen Verbrecher, also namentlich für politische Verbrecher und Duellanten, sich in keiner Weise rechtfertigen läßt.

---

[1]) Festungshaft S. 117, 193 ff.

Die noch nicht fernen Zeiten, da man die politischen Verbrecher bedingungslos dem Zuchthaus überantwortete, sollen gewiß nicht wieder zurückgerufen werden, allein in das gerade Gegenteil umzuspringen und diese Leute mit einer Strafe zu belegen, die kaum noch ein Übel, geschweige denn ein empfindliches Übel genannt werden kann, ist eben so verwerflich.

Muß auch bei nichtehrlosen Verbrechen die Freiheitsstrafe den Charakter einer energischen Repression behalten, so ist nicht der geringste Grund vorhanden, davon für politische Verbrecher eine Ausnahme zu statuieren und sie gewissermaßen zu privilegieren. Denn wenigstens die große Mehrzahl, der eigentliche Kern der sogenannten politischen Verbrechen (Hochverrat, Landesverrat und Majestätsbeleidigung) zählt zu den schwersten Verbrechen, und daher ist es ganz und gar nicht zu rechtfertigen, die politischen Verbrecher so überaus gelind zu strafen, sie viel höher stellen zu wollen, als etwa einen Mann, der sich einmal in Leidenschaftlichkeit oder Rohheit vergaß und zu einer That hinreißen ließ, die er vielleicht unmittelbar darauf schwer bereut.

Gerade die privilegierte Stellung der politischen Verbrecher ist einer der schwärzesten Punkte in unserem Strafgesetzbuch!

Was den Zweikampf betrifft, so kann man ja darüber streiten, ob er überhaupt kriminalrechtlich geahndet werden soll. Allein es giebt doch immer nur zwei Wege, entweder ist er gänzlich zu ignorieren, oder bei empfindlicher Strafe zu verbieten. Ist einmal der letztere eingeschlagen und Freiheitsstrafe als das adäquate Strafübel erachtet, so muß dieselbe auch in ernster und strenger Weise, wie es sich gebührt, vollzogen werden; eine Strafe, die im Grunde keine Strafe ist, wie Geyers Haft und die nicht viel bessere Festungshaft des Strafgesetzbuches dürfte nicht sonderlich geeignet sein, das Ansehen der staatlichen Strafgewalt zu stärken.

Man wende dagegen nicht ein, daß diese Strafe, wie Berner sagt, durch ihre Dauer sehr ernst werden kann, denn eine Freiheitsstrafe, die erst einer längern Zeit bedarf, um überhaupt als Übel empfunden zu werden, die nur durch Extensität, in keiner Hinsicht durch Intensität zu wirken vermag, ist von sehr zweifelhaftem Wert.

Es müssen also auch die politischen Verbrecher und die Duellanten dem Gefängnis überwiesen werden, und darin liegt, sobald sich in demselben nur nichtehrlose Verbrecher befinden, durchaus keine ungerechte Härte. Denn von einer methodischen Zucht und bessernden Einwirkung, also kurz von einer Besserungsmethode kann und soll in Zukunft im Gefängnis keine Rede sein.

Daß dagegen die Gefängnisstrafe durch ernste Repression, die auch hier nicht, so wenig wie bei irgend einer andern Freiheitsstrafe entbehrt werden kann, demütigt, kann vollkommen zugegeben werden. Es ist ja gerade der Zweck der Freiheitsstrafe, den hochmütigen, das Gesetz verachtenden verbrecherischen Willen zu beugen, also zu demütigen. Demütigen soll jede Freiheitsstrafe, aber nicht entehren. Entehrend wirkt nur das Zuchthaus durch die harte Zucht, die bedingungslose Zwangsarbeit, die Gemeinschaft mit Ehrlosen, und daher gehört in dasselbe auch nur, wer in dem Verbrechen ehrlose Gesinnung bekundete.

Gegen Geyers System spricht endlich noch, daß hier auch Gefängnis und Haft für ehrlose Verbrecher verwendet werden. Denn diejenigen Verbrecher, für welche regelmäßig das Gefängnis bestimmt ist, sollen, falls sie aus ehrloser Gesinnung handelten, zwar in das Zuchthaus kommen, aber doch nur dann, wenn in concreto ihre Strafe mindestens ein Jahr beträgt, und diejenigen, für welche Haft bestimmt ist, kommen bei ehrloser Gesinnung nur dann ins Zuchthaus, wenn die in concreto angemessene Strafe drei Monat oder mehr beträgt. So sitzen also glücklich wieder Ehrlose und Nichtehrlose bei einander und Gefängnis, wie Haft werden denaturiert. —

Demnach zeigt die Kritik der Vorschläge von Schwarze und Geyer, daß die Dreiteilung der Freiheitsstrafe unhaltbar ist, denn sie stellt immer zwei Strafen desselben Charakters auf, wie Schwarzes Arbeitshaus und Geyers Gefängnis, die sich lediglich als Unterarten des Zuchthauses erweisen.

Auch spricht gegen die Dreiteilung noch ein praktisches Bedenken. Zu deren voller Durchführung sind drei getrennte Strafanstalten unbedingt erforderlich, denn es wäre ebenso unzulässig, die Arbeitshausstrafe, wie es früher in Baden geschah, im Zuchthause zu vollziehen, wie die Haftstrafe auf der Festung, von der auch Geyer abzusehen scheint.

Da es nun auch dringend nötig ist, den Amtsgerichtsgefängnissen ihren Charakter als Untersuchungsgefängnisse zu wahren, so erfordert die Dreiteilung, soll sie eine Wahrheit werden, eine so große Anzahl von Neubauten, daß der Staat, dessen Mittel schon durch die unbedingt gebotenen Um- resp. Neubauten zahlreicher Zuchthäuser in sehr hohem Maße in Anspruch genommen werden, sich für dieses System kaum entscheiden würde.

Die vorstehend dargelegten Gründe gegen die Dreiteilung entscheiden zugleich für den Vorschlag, die Freiheitsstrafe in Zukunft nur in zwei Arten zu zerlegen, in eine entehrende, dem Zuchthause, für die aus ehrloser Gesinnung entspringenden Verbrechen, und in eine nichtentehrende für nichtehrlose Verbrecher, die man nun Gefängnis oder Haft oder sonstwie benennen mag.

Diese Zweiteilung fand sich schon, wenn auch nicht richtig durchgeführt, in den Gesetzbüchern für Lübeck und Hamburg und ist neuestens in das niederländische Strafgesetzbuch vom 3. März 1881 aufgenommen worden.

Was die Verwendung dieser zwei Freiheitsstrafen des Zuchthauses und des Gefängnisses (dieser Name mag hier für die nichtentehrende Strafe beibehalten werden) betrifft, so ist zunächst klar, daß beide für alle Verbrechen in betracht kommen müssen, denn kein einziges derselben entspringt immer nur aus ehrloser bezw. nichtehrloser Gesinnung. Allein es ist wohl geeigneter [1], statt im Gesetz beide Strafen alternativ oder nur die entehrende anzudrohen, für jedes Verbrechen diejenige Strafart, welche der regelmäßig damit verbundenen Gesinnung entspricht, festzusetzen. Selbstverständlich muß dann aber dem Richter überall die Befugnis eingeräumt werden, auf die andere Strafart zu erkennen, sobald sich ergiebt, daß das konkrete Verbrechen aus einer andern, als der vom Gesetzgeber vorausgesetzten Gesinnung entsprungen ist.

Allein damit darf man sich nicht begnügen, will man der Gefängnisstrafe ihren Charakter vollständig wahren. Vielmehr muß verordnet werden, daß ein Verbrecher, der eine Zuchthausstrafe verbüßt, jedoch die Ehrenrechte noch nicht wieder erworben hat, bis zu diesem Zeitpunkt auch in dem Falle zu Zuchthaus zu verurteilen ist, da das neue Verbrechen eine ehrlose Gesinnung nicht bekundet.

Und ebenso muß in Konkurrenzfällen, sobald eines der in Frage stehenden Verbrechen aus ehrloser Gesinnung entsprang, stets ausschließlich auf Zuchthaus erkannt werden. Nach heutigem Recht (§ 75) muß unter Umständen der ehrlose Dieb, nachdem er seine Gefängnisstrafe abgesessen hat, zur Erstehung einer zweiten Strafe auf die Festung transportiert werden, und das — dürfte doch wohl nicht ganz richtig sein.

---

[1]) Verfasser war früher, Festungshaft S. 111, andrer Ansicht. Wie im Text entscheiden Hälschner, Geyer und v. Buri.

Größere Schwierigkeiten entstehen anscheinend bei Normierung der Zeitdauer dieser beiden Freiheitsstrafen. Zwar das kann keinem Zweifel unterliegen, daß das Maximum beider gleich sein muß, und auch beide auf Lebenszeit auszudehnen sind, so lange wir diese inkommensurable Strafe nicht zu beseitigen vermögen. Ebensowenig wird gegen den Mindestbetrag der Gefängnisstrafe (1 Tag) etwas einzuwenden sein.

Dagegen hat man sich an den schweren Tritt der Zuchthausstrafe [1]) so sehr gewöhnt, daß eine Herabsetzung des jetzigen Minimum (1 Jahr) auf mannigfachen Widerspruch stoßen wird. Sollen aber alle ehrlosen Verbrechen ausschließlich mit Zuchthaus bestraft werden, so kann das Minimum von einem Jahr unmöglich beibehalten werden, und unbedingt erforderlich ist dasselbe auch, wie schon oben bemerkt ward, nur dann, wenn Besserung und Nacherziehung den Hauptzweck der Strafe bilden; denn die Härte der Zuchthausstrafe liegt in ihrem Inhalt, nicht in ihrer Ausdehnung. Nur freilich wird man bis zu einem Tage Zuchthaus nicht hinabgehen wollen, und es ist das auch durchaus nicht geboten, da selbst das geringste entehrende Verbrechen ein höheres Strafquantum erfordert.

Dagegen ist eine Zuchthausstrafe von einem Monat [2]) sehr wohl zulässig und wird als Minimum auch hinreichend zu begründen sein.

Man berufe sich dagegen nicht auf die kleinen Eigentumsvergehen. Zwar verhängen wir heute bei dem ersten kleinen Diebstahl in der Regel nur wenige Tage Gefängnis, die dann, wie schon angeführt, in dem Amtsgerichtsgefängnisse vollzogen werden, und von etwa acht Tagen Amtsgerichtsgefängnis auf einen Monat Zuchthaus scheint ein sehr bedenklicher Sprung zu sein.

Allein es unterliegt keinem Zweifel, daß die kurzzeitigen Freiheitsstrafen, verbüßt in Gemeinschaftshaft, ohne Arbeit und ohne die genügende Aufsicht, in bedenklichem Grade verschlechtern und alle Scheu vor der Strafe beseitigen, daß die kleinen Gefängnisse den Namen der Elementarschulen des Lasters (Sichart S. 71) in vollem Maße verdienen.

Soll dem Rückfall gründlich gesteuert werden, dann muß gleich das erste Verbrechen mit aller Energie, mit empfindlicher Härte ge-

---

[1]) Vergl. Binding in Grünhuts Zeitschrift, Band II 1875 S. 696.

[2]) Geyer, trotzdem er auf die Besserung entscheidendes Gewicht legt, setzt das Minimum auf drei Monate herab.

straft werden, nicht darf man mit der Zuchthausstrafe so lange, wie es unserm Gesetz beliebt, warten.

Die Gesellschaft trägt ein gutes Teil der Schuld an dem Überhandnehmen der Eigentumsverbrechen durch ihre verkehrte Nachsicht gegen die ersten kleinen Vergehen. Es soll hier nicht untersucht werden, wie viel die Unterschätzung der ehrlosen Angriffe gegen die Eigentumsordnung, die in jedem Diebstahl, in jedem Betruge, seien sie objektiv noch so geringfügig, hervortreten, bereits geschadet hat; jedenfalls ist es gerade heute angesichts der sozialistischen Umtriebe dringend geboten, auch in unserer Strafgesetzgebung der Eigentumsordnung den Wert zu vindizieren, der ihr von Rechts wegen gebührt.

Sonach sprechen wohl nicht nur Gründe der Zweckmäßigkeit, sondern auch der Gerechtigkeit dafür, jedes ehrlose Eigentumsverbrechen mit Zuchthaus zu bestrafen, und es kann gegen den Mindestbetrag von einem Monat die angebliche Unbedeutendheit einzelner ehrloser Verbrechen nicht geltend gemacht werden.

Da die Haft als dritte Strafart wegfällt, so ist für die Übertretungen, falls dies erforderlich sein sollte, die Gefängnisstrafe zu verwenden. Hier aber muß noch erwähnt werden, daß die in § 361 Nr. 3—8 des Strafgesetzbuchs genannten Personen, also namentlich Landstreicher, Bettler, liederliche Dirnen, Müßiggänger u. s. w. in Anbetracht der dort zugelassenen Detention im Arbeitshause einer Zuchthausstrafe sehr wohl unterworfen werden können, sobald man nur die Anschauung aufgiebt, daß letzteres lediglich für schwere Verbrechen bestimmt sei.

Als Einwand könnte jedoch gegen die vorstehenden Ausführungen die durch Reduktion der Strafarten veranlaßte Überfüllung unserer Zuchthäuser geltend gemacht werden; indessen dürfte die Zahl der nichtehrlosen Verbrechen (abgesehen von den Übertretungen) so gering sein, daß sehr wohl die jetzigen Gefängnisse in Zukunft zum großen Teil als Zuchthäuser verwendbar würden, und außerdem ist mit einiger Sicherheit anzunehmen, daß im Laufe der Zeit die übergroße Zahl der Rückfälle bei Eigentumsverbrechen durch die energischen ersten Strafen sich wesentlich verringern wird.

Dagegen ist freilich die Dreiteilung der strafbaren Handlungen in Verbrechen, Vergehen und Übertretungen neben den zwei Freiheitsstrafen des Zuchthauses und Gefängnisses nicht aufrecht zu erhalten. Allein wenn sie fällt und wenn sie in ihren Fall auch noch die mildernden Umstände verwickeln sollte, so würde das wohl kein erhebliches

Unglück sein, von verschiedenen Seiten sogar mit großer Genugthuung begrüßt werden.

Wenden wir uns nunmehr zu dem Vollzuge der zwei Freiheitsstrafen, so ist zunächst daran festzuhalten, daß in beiden die Strafe als ein empfindliches Übel sich darstellen muß. Die in neuerer Zeit so viel gepriesene und so wenig am richtigen Orte verwendete Humanität verlangt nur, daß jede übertriebene Härte, jede ungerechte Grausamkeit dem Strafvollzuge fern gehalten werde und kann daher niemals dazu führen, das Wesen der Strafe zu verkehren, den nachdrücklichen Ernst derselben zu verleugnen.

Vielmehr führt dazu nur die Besserungstheorie, die, statt zu strafen, erziehen will, die die Zuchtmittel der Einzelhaft und der Zwangsarbeit in Wohlthaten verwandelt und in dem Sträfling nur den sittlich Kranken sieht, dessen Regeneration die Strafanstalt vermitteln soll. Das ist, man darf es wohl sagen, ein Mißbrauch, der mit der Strafe getrieben wird, und derselbe kann nur dadurch wieder ausgerottet werden, daß wir grundsätzlich mit der Besserungstheorie brechen, mag sie selbständig, mag sie in der wundersamen Gemeinschaft mit der Abschreckung auftreten oder sich hinter die Gerechtigkeit verstecken.

Die Strafe soll unmittelbar weder bessern, noch erziehen, der Strafvollzug hat nicht Raum für derartige Zwecke, und unsere Strafanstaltsbeamten dazu weder die Befähigung noch die erforderliche Zeit, noch die Mittel, wenn sie nicht etwa die Strafmittel ihrer rechtlichen Bestimmung entfremden wollen. Sie sollen die ernsten und strengen Zuchtmeister bleiben, als welche sie in ihr Amt eingesetzt sind, um das Ansehen des Staates und der Gesetze unerbittlich aufrecht zu erhalten.

Das einzig wirksame Mittel der Besserung und Erziehung erwachsener Personen ist die Religion. Es wird daher niemandem einfallen, deren hohe Bedeutung für die sittliche Umwandlung der Sträflinge zu verkennen, oder dieselbe gar aus den Gefängnissen vertreiben zu wollen, denn sie vermag in der Hand verständiger, erfahrener und toleranter Geistlichen fruchtbar und segensreich zu wirken. Allein sie darf nicht mit dem Strafvollzuge vermischt werden, vielmehr hat sie nur neben, nicht in demselben ihre berechtigte Stellung. Die Gefahren des Eingreifens der Geistlichen in den Vollzug sind bekannt genug und liegen nicht nur in dem Heranbilden jener übelbeleumdeten Zuchthausfrömmigkeit.

Nur dann, wenn jeder Teil in seinen Grenzen bleibt, wird das

Ganze gedeihen, es leidet not nicht minder, wenn der Geistliche den Strafvollzug beherrscht oder auch nur bestimmend auf denselben einwirkt, wie wenn der Strafanstaltsvorstand die Pflichten seines Amtes als Strafvollstrecker überschreitend zum Erzieher sich aufwirft. —

Hört die Strafe auf eine Wohlthat zu sein und wird sie wieder, was sie sein muß, ein empfindliches Übel, dann werden ganz von selbst die vielen Klagen verstummen, daß die Gefangnen es zu gut hätten im Gefängnis. Denn nur in der Behandlung der Gefangnen, nicht in der äußern Einrichtung der Gefangnenanstalten haben dieselben ihren wahren Grund. Die Ordnung und Sauberkeit, die Sorge für gute Ventilation, zweckmäßige Zelleneinrichtung, Heizung und Beleuchtung, die streng aufrecht erhaltene Reinlichkeit der Gefangnen in ihrer Kleidung und an ihrem Körper sind ebenso unbedingt notwendig, wie eine gesunde, der Arbeitsleistung entsprechende Kost. Nicht um der Besserung willen [1]), auch nicht aus „übertriebener Empfindsamkeit" (Mittelstädt S. 66) ist dies alles eingeführt, sondern teils im Interesse des Dienstes, teils zum Schutze gegen das Überhandnehmen von Krankheiten, den Ausbruch von Epidemieen, es dient sanitären Zwecken, die der Staat im eigenen wohlverstandenen Interesse erstreben muß. Wollte man Mittelstädts Vorschläge (S. 64 ff.) annehmen, die Zwangsarbeit auf das äußerste zu steigern und die Kost auf das geringste Maß hinabzudrücken, diese „erbarmungslose Herrschaft von Entbehrungen, Duldungen und Schmerzen" würde bald ein jähes Ende finden und die Strafanstalt in ein Spital verwandeln. —

Freilich haben die Gefangnen es infolge dieser Einrichtungen anscheinend zum Teil besser, als freie Arbeiter, allein das wird durch die Strenge des Vollzuges, die in Zukunft auf Kosten der Besserungstendenzen in vollem Umfange aufrecht erhalten werden muß, durch die aufreibende Härte uud das erdrückende Einerlei des Gefängnistagewerks, durch den Mangel an hinreichender Bewegung im Freien, an irgend welcher erfrischenden, für Geist und Körper gleich wohlthätigen Abwechselung genügend aufgewogen. Und selbst wenn dies nicht der Fall sein sollte, es ließe sich an jenen Maßnahmen nichts ändern.

Es kam bisher allerdings hier und da vor, daß im Winter, namentlich in großen Städten, bei strenger Kälte und Arbeitsmangel

---

[1]) Schwarze (S. 18) will allerdings durch die erzwungene äußere Sauberkeit auch auf die Unsauberkeit des Innern bessernd einwirken.

Personen Verbrechen verübten, um ins Gefängnis zu gelangen. Allein daraus ließe sich erst dann auf die unzureichende Härte des Vollzuges schließen, wenn festgestellt wäre, daß derartige Individuen zum zweiten Male diesen Weg eingeschlagen hätten, um Unterkunft zu finden. Der erste Versuch beweist noch nichts, da er veranlaßt sein kann durch die Gerüchte über das angeblich gute Leben im Gefängnis. Auch könnte man derartigen Fällen, wenn sie sich, wie immerhin trotz strengerer Behandlung nicht ausgeschlossen ist, wiederholen sollten, sehr wohl auf eine praktische Art vorbeugen, von welcher Stooß [1]) aus der Schweiz berichtet. —

In beiden Freiheitsstrafen, Zuchthaus und Gefängnis, muß immer, wie zuvor bemerkt, der empfindliche Ernst des Strafübels zum Ausdruck gelangen, im übrigen jedoch sind dieselben möglichst streng von einander zu sondern. Insbesondere ist zu verlangen, daß sie in verschiedenen Anstalten vollzogen werden, daß kein ehrloser Verbrecher ins Gefängnis und umgekehrt kein nichtehrloser in das Zuchthaus gebracht werde, und daß dem entspechend mit jeder Zuchthausstrafe unbedingt Ehrverlust in vollem Umfange verbunden sei, dagegen neben der Gefängnisstrafe nur auf Verlust der bekleideten Ämter erkannt werden dürfe.

Im Zuchthaus ferner ist der Sträfling zu harter Zwangsarbeit ohne Rücksicht auf seine persönlichen Verhältnisse anzuhalten. Gerade in dieser Zwangsarbeit liegt das eine der zwei wesentlich erschwerenden Vollzugsbestimmungen der Zuchthausstrafe (Hälschner § 238), nicht aber soll diese Arbeit verwendet werden, um den Gefangnen zu bessern oder gar um seinem leichtern Fortkommen nach der Entlassung zu dienen, denn dafür zu sorgen ist keineswegs die Aufgabe der Strafe.

Außenarbeit, namentlich schwere landwirtschaftliche Arbeit, die man vielfach empfiehlt (auch Mittelstädt S. 42) wäre gewiß sehr nützlich, allein es ist ein noch ungelöstes Problem, neben derselben die Disziplin aufrecht zu erhalten und der Gefahr gegenseitiger Verschlechterung der Sträflinge hinreichend vorzubeugen, und die Schwierigkeit, diesen Erfordernissen zu genügen, hat dieselbe wohl nicht zu aus-

---

[1]) Zur Natur der Vermögensstrafen, Bern 1878 S. 4 Note: „Kürzlich wurde in Basel ein Mann, welcher mutwilliger Weise und um die staatliche Versorgung zu genießen, die Schaufenster eines Magazins zertrümmerte, zu längerer Haft mit halber Kost verurteilt. Es ist zu vermuten, daß derselbe sich nicht noch neuerdings um diese Beköstigung bewerben wird."

gedehnterer Anwendung gelangen lassen, nicht aber, wie Mittelstädt meint, der „Schlendrian der Gefängnisbureaukratie".

Man wird sich daher vorläufig mit Arbeiten in der Anstalt begnügen müssen und die so oft in letzter Zeit und nun gar von Mittelstädt (S. 43), offenbar in zu weit gehender Erregung gegen das heutige System, dagegen angeführte Gefährdung der freien Arbeit ist kein ausreichender Grund. Die Konkurrenz der Gefangnenarbeit ist doch wohl nicht umfangreich genug, um der Industrie ernstlichen Schaden zuzufügen, gewiß nicht, wie Rittner richtig bemerkt, einer gesunden Industrie; dagegen ist der Einwand, daß die Gefangnen ja auch in der Freiheit arbeiten würden, offenbar nicht stichhaltig.

Was allein zu verlangen bleibt, ist, daß die Gefangnen nicht mehr an Unternehmer vermietet werden, daß vielmehr an die Stelle der nicht allein die Industrie gefährdenden Verdingung der Arbeitskräfte der eigene Geschäftsbetrieb der Verwaltung trete.

Bezüglich der Arbeitszeit in ihrem Verhältnis zur freien und Schlafzeit können hier keine Forderungen gestellt werden, da darüber im wesentlichen die Erfahrungen zu entscheiden haben. Zu bemerken bleibt höchstens, daß die Praktiker über das Maß der Arbeitszeit selbst nicht einig sind (der eine glaubt sich mit zehn Stunden als Maximum begnügen zu müssen, der andere fordert zwölf Stunden), und daß die allzu lange Schlafzeit, wie sie namentlich in Preußen üblich ist, nur ungünstig wirken kann. Dagegen ist zu verlangen, daß fernerhin nicht die besten Tagesstunden durch den Unterricht in Anspruch genommen werden, und daß dieser auf die Analphabeten beschränkt bleibe. Jeder andere Unterricht, als im Lesen, Schreiben und Rechnen, ist in der Strafanstalt ein überflüssiger Luxus und gehört daher nicht in dieselbe. Damit ist natürlich nicht der Religionsunterricht gemeint, erbauendem Zuspruch soll stets der Eingang offen sein.

Endlich muß gefordert werden, daß die Berechnung und Verwendung der Arbeitsbelohnung in anderer Weise, als es im Entwurfe eines Vollzugsgesetzes (§§ 25, 29) geschieht, geregelt werde. Es ist insbesondere mit dem Ernst der Strafe nicht vereinbar (in Baden daher mit Recht unzulässig), dem Gefangnen zu gestatten, auch nur einen Teil seiner Arbeitsbelohnung zur Beschaffung von Genußmitteln zu verwenden. Muß man ihn an dem Arbeitsgewinne auch partizipieren lassen, so soll sein Guthaben doch für die Zeit der Entlassung reserviert bleiben, höchstens darf ihm gestattet sein, einen Teil davon zur Unterstützung armer Angehöriger zu verwenden.

Die zweite wesentliche Verschärfung der Zuchthausstrafe liegt in der Einzelhaft, denn diese wird unbedingt von der überwiegenden Zahl der Gefangnen, namentlich der unteren Stände, als drückendes Übel empfunden.

Indessen könnte, selbst wenn dies nicht der Fall sein sollte, der Staat auf dieselbe nicht verzichten, denn nur sie vermag der Anforderung an die Strafe, nicht zu verschlechtern, mit möglichster Sicherheit zu entsprechen, und diese Gefahr der Verschlechterung ist unter ehrlosen Verbrechern unzweifelhaft immer vorhanden.

Daher kann die Durchführung der Einzelhaft in unseren Zuchthäusern nicht dringend genug empfohlen werden, und es ist dieselbe nicht auf drei Jahre zu beschränken, sondern soweit als irgend ohne Nachteil für den Gefangnen möglich, auszudehnen. Daß sie die Ordnung und Aufsicht im Zuchthaus erleichtert und eine Reduktion des Beamtenpersonals ermöglicht, ist immerhin ein Vorzug derselben, wenn auch ohne entscheidenden Wert; dagegen kann es bei richtiger Erfassung der Strafe sehr gleichgiltig sein, ob sie auf die sittliche Wiedergeburt des Gefangnen in der wunderbaren Weise wirkt, wie von den Aposteln der Besserungstheorie behauptet wird. Nicht der Besserung wegen soll sie beibehalten werden, sondern weil sie die Intensität der Strafe verstärkt und die Gefahr der Verschlechterung nach Möglichkeit beseitigt.

Leider ist dieselbe auf eine nicht unerhebliche Zahl von Gefangnen unanwendbar [1]), so daß für diese die Gemeinschaftshaft eintreten muß, jedoch immer dergestalt, daß die Gefangnen nach ihrer größern oder geringern Verderbtheit in Klassen geteilt und nachts in Schlafzellen, die mit Recht § 19 des Entwurfes eines Vollzugsgesetzes allgemein erfordert, verbracht werden. Für diese Gefangnen hat die Klassifikation einen guten Sinn, nicht aber vermag sie, wie neuestens wieder [2]) lebhaft befürwortet wird, die Einzelhaft zu ersetzen.

Die Sträflinge erhalten selbstverständlich Zuchthauskost, sie tragen die gleichmäßige Zuchthauskleidung und sind ferner den im Zuchthaus üblichen Disziplinarstrafen unterworfen. Ob unter diesen die körperliche Züchtigung durchaus unerläßlich ist, wie Schwarze (S. 43), Streng (S. 331) und Sichart (S. 29) versichern, soll hier nicht untersucht werden, dagegen dürfte aus dem Katalog der Disziplinar-

---

[1]) Vergl. v. Krafft-Ebing, Lehrbuch der gerichtlichen Psychopathologie, 1877 S. 306.

[2]) Reich (Strafanstaltsinspektor in Zwickau) im Gerichtssaal 1881 S. 231 ff.

strafen die Geldstrafe, d. h. die Einziehung der schon gutgeschriebenen Arbeitsbelohnung zu entfernen sein, sofern diese, wie verlangt werden muß, fernerhin nicht mehr zur Beschaffung von Genußmitteln verwendet werden darf. Denn diese Strafe hindert entweder die Unterstützung der Famile, trifft also diese, nicht den Sträfling, oder verringert die dem letztern bei seiner Entlassung so nötige Geldsumme. Bei der reichen Fülle und Vielgestaltigkeit der hier zulässigen Disziplinarmittel ist sie ganz sicher vollständig entbehrlich.

Die Strafe des Gefängnisses wird wesentlich milder sein müssen, als die Zuchthausstrafe, darf aber doch auch ihrerseits den Charakter eines empfindlichen Strafübels nicht verleugnen.

Es ist daher nicht einzusehen, weshalb der Staat hier auf eine Beaufsichtigung etwaiger Beschäftigung beschränkt und nicht befugt sein soll, die Gefangnen zur Arbeit anzuhalten. Der Müßiggang ist doch am wenigsten im Gefängnis zu dulden. Zwar darf die Arbeit nicht in die gleiche Form, wie beim Zuchthaus sich kleiden, nicht als erhebliche Erschwerung der Strafe erscheinen, allein daraus rechtfertigt es sich doch nicht, von jeder Arbeit abzusehen. Denn an und für sich hat die Arbeit, auch wenn sie anbefohlen wird, nichts entehrendes, vielmehr läßt sich dies erst von der harten Zwangsarbeit ohne Ansehen der Person behaupten. Demütigend mag zwar jeder Zwang zur Arbeit sein (Geyer S. 412), allein demütigen soll, wie schon erwähnt, auch jede Strafe. Es bedürfen sonach die Bestimmungen des neuen niederländischen Strafgesetzbuches (Art. 20) keiner besondern Erklärung aus der Arbeitsamkeit der Niederländer (Geyer S. 416), sind vielmehr vollkommen sachgemäß und empfehlen sich daher für andere Nationen zur Nachahmung, Dort heißt es:

> „Der zur Haft Verurteilte verrichtet Arbeiten nach eigener Wahl, vorbehaltlich der behufs Ordnung und Zucht zur Ausführung des Art. 22 gegebenen Vorschriften.
>
> Über seinen Arbeitsverdienst hat er freie Verfügung."

Einen ähnlichen, mit Unrecht beschränktern Vorschlag hatte der Verfasser dieser Abhandlung schon 1872[1]) gemacht, und wenn ihm dagegen seitens der Kritik[2]) eingewendet ward, es sei das ein völlig neues, den Fortschritten der Humanität schnurstracks zuwiderlaufendes Prinzip, so bedarf dieser Vorwurf wohl keiner Widerlegung.

---

[1]) Festungshaft S. 117.

[2]) Bezold in der kritischen Vierteljahrsschrift, 1872 S. 192.

Einzelhaft ist in dem Gefängnis nicht erforderlich, jedoch sind die Gefangnen nach ihren persönlichen Verhältnissen in Klassen zu teilen und erhalten jedenfalls nachts Schlafzellen.

Von einer gleichförmigen Kleidung kann hier ebensowenig die Rede sein, auch müssen den Gefangnen alle Erleichterungen bezüglich der Kost und der Einrichtung der Schlafzellen zugestanden werden, die der Hausordnung nicht zuwiderlaufen.

Endlich sind die Disziplinarstrafen gegenüber den im Zuchthaus notwendigen Zuchtmitteln wesentlich zu beschränken. —

Eine letzte hier noch zu behandelnde Frage betrifft die bedingte Entlassung. Dieselbe ward in Deutschland zuerst wohl durch Mittermaier, dann durch von Holtzendorff näher bekannt, dessen Empfehlung des gesamten irischen Strafvollzuges, in welchem die bedingte Entlassung nur das letzte Stück bildet, zu einem höchst unerquicklichen Streit mit Röder führte.

In Sachsen hat man dann 1862 diesen Teil eines größern, in sich geschlossenen Ganzen in das dortige Vollzugssystem eingeführt und von Sachsen aus ist es in das deutsche Strafgesetzbuch (§§ 23—26) übergegangen.

Ob der Versuch, denn als ein solcher ist diese Aufnahme in das Reichsgesetz zuvörderst wohl nur zu erachten, klägliches Fiasko gemacht (Mittelstädt S. 55), ob er sich glänzend bewährt hat (Krohne S. 76), oder ob, wie Schwarze S. 22 sagt, dessen Ergebnisse nicht allenthalben gleich günstige gewesen sind, läßt sich bei der gänzlichen Unzuverlässigkeit der Rückfallsstatistik schwer entscheiden; jedoch führt Schwarze selbst an, daß in Preußen die Zahl der Entlassenen von 1708 im Jahre 1871 auf 140 im Jahre 1874 zurückgegangen ist, und daraus dürfte wohl zu entnehmen sein, daß die Erfahrungen in dem größten deutschen Staate keine günstigen gewesen sind.

Indessen kann es hier nur darauf ankommen, die rechtliche Seite der Frage einer Prüfung zu unterziehen.

Bekanntlich gestattet das Gesetz die zu längerer Zuchthaus- oder Gefängnisstrafe Verurteilten vorläufig zu entlassen, wenn sie drei Viertel, jedoch mindestens ein Jahr ihrer Strafe verbüßt und sich während dieser Zeit gut geführt haben. Sie bleiben dann während des Restes der Strafzeit noch unter strenger Aufsicht, können bei schlechter Führung jederzeit wieder eingezogen werden und müssen solchenfalls jenen ihnen nur bedingt erlassenen Strafrest nachträglich verbüßen. Ist aber die im Urteil festgesetzte Strafzeit abgelaufen, so darf letztere

Maßregel nicht mehr gegen sie verhängt werden und eine fernere Aufsicht ist ebenfalls unstatthaft.

Der Grundgedanke dieser Vorschriften, den schon Bentham aussprach, ist gewiß vollkommen berechtigt und läßt sich in die Forderung zusammenfassen, daß der Gefangne nach Verbüßung längerer Strafhaft nicht unmittelbar der vollsten Ungebundenheit überliefert werde, daß vielmehr, da dieser schroffe Gegensatz von Unfreiheit und Freiheit häufig sehr schädlich wirkt, eine oder mehrere Zwischenstufen den Übergang zur Freiheit vermitteln müßten.[1]

Da man sich nun nicht berechtigt glaubte, an die Strafhaft noch eine solche Übergangsperiode anzuknüpfen, so schnitt man einfach von jener ein Stück ab und behandelte dies als Übergangs- und, wenn man will, Prüfungszeit. So ward denn die Maßregel zu einer wesentlichen Vergünstigung für die Gefangnen und mußte als solche notwendig auf diejenigen unter denselben beschränkt bleiben, die während drei Viertel ihrer Strafzeit, wie unser Gesetz sagt, sich gut geführt, wie es sich in der Praxis gestaltete, Beweise der Besserung gegeben hatten.

Allein dadurch ist nicht nur jener gesunde Gedanke in sein Gegenteil verkehrt, sondern zugleich zur Begründung einer sehr bedenklichen Ungerechtigkeit mißbraucht.

Er ist verkehrt, denn, wenn eine Übergangszeit aus der Unfreiheit in die Freiheit erfordert werden muß, so ist sie in allererster Linie und am unbedingtesten notwendig für die nicht gebesserten Gefangnen; die aber läßt man nach Beendigung ihrer Strafzeit laufen und niemand bekümmert sich darum, wie sie ihre Freiheit benutzen. Dagegen die Gebesserten — es mag zunächst erlaubt sein, mit dieser „Besserung" zu rechnen —, von denen ein Mißbrauch der Freiheit wohl kaum zu befürchten steht, diese werden in die Freiheit fein säuberlich und vorsichtig übergeleitet. Es dürfte sich dies Verfahren schwerlich milder, denn als Verkehrtheit bezeichnen lassen.

Und nun diese Art von Gerechtigkeit! Die Strafe knüpft sich an das Verbrechen und ihr Maß entspricht der Schwere dieses Verbrechens. Unter dem unmittelbaren Eindruck der mündlichen Verhandlung bestimmt das Gericht nach sorgfältigster Erwägung der subjektiven und objektiven Merkmale der konkreten rechtswidrigen Handlung, daß nicht

---

[1]) Es ist daher natürlich, daß diese Maßregel auf die Festungshaft nicht erstreckt wurde, denn bei derselben sind ungünstige Wirkungen einer unvermittelten Entlassung nicht zu befürchten.

drei Jahre, wie etwa beantragt, sondern vier Jahre Gefängnis für dieselbe das gerechte Strafmaß sei, und nun schneidet der Vollzugsbeamte, der Anstaltsvorstand, in dessen Hand die Entscheidung über die vorläufige Entlassung thatsächlich ruht, auf Grund der nachträglichen Besserung dieses vierte Jahr ab.

Wenn das gestattet, wenn die pflichtgemäße Beratung des Gerichts eine zwecklose Zeitvergeudung sein soll, dann ist es wahrlich geeigneter, in Zukunft auf Festsetzung eines Strafmaßes gänzlich zu verzichten.

Nach H. Meyer (Lehrbuch S. 133) freilich gebietet gerade die „richtig aufgefaßte“ Gerechtigkeit, bei der Bestrafung auch auf das nachträgliche Verhalten des Schuldigen Rücksicht zu nehmen. Demnach muß derselbe wohl einige Seiten zuvor die Gerechtigkeit noch nicht richtig aufgefaßt haben, denn nach S. 102, die schon oben angeführt ward, basiert das Strafrecht auf dem Gedanken der Vergeltung, dem Thäter soll zu teil werden, was er durch seine That (also doch wohl nicht, was er durch sein „nachträgliches Verhalten“) verdient hat, dies ist nach Meyer der „Grundgedanke alles Strafrechts“.

Berner (Lehrbuch S. 239 f.) sieht sogar in der vorläufigen Entlassung eine vollberechtigte Neuerung und einen wichtigen Fortschritt, durch den der Gedanke der strafenden Gerechtigkeit seine Starrheit verloren habe. Die Gerechtigkeit, meint Berner, erfordert nicht ein bestimmtes Maß der Strafe, sondern nur als unüberschreitbare Grenze ein Maximum und Minimum.

Nun ist es gewiß vollkommen zutreffend, von dem Gesetzgeber zu verlangen, daß er in Rücksicht auf die Vielgestaltigkeit der einzelnen Verbrechensarten die Strafen nicht absolut, sondern nur relativ bestimme, d. h. durch Maximum und Minimum begrenze, denn nicht jeder Diebstahl fordert z. B. ein Jahr Gefängnis als gerechte Strafe. Ebendeshalb hat denn auch der Gesetzgeber das Vergehen des Diebstahls mit Gefängnis von einem Tage bis zu fünf Jahren bedroht, damit der Richter der rechtlichen Bedeutung des einzelnen Diebstahls Rechnung tragen könne. Aber dieser einzelne, konkrete Diebstahl, den der Richter zur Zeit abzuurteilen hat, der ist nicht gerecht gestraft sowohl mit einem, wie mit zwei Jahren, sondern nur mit einem Jahr, und wie das Zuviel, so würde auch das Zuwenig die Gerechtigkeit verletzen.

Berner vermag auch seine gegenteilige Meinung nicht zu erweisen, sondern beruft sich nur auf eine frühere Stelle seines Lehrbuches, auf jenen § 31, in welchem er seine ganze Ausführung auf das schon oben

(Note 25) erwähnte schlimme physikalische Beispiel von dem Wasser, das erst bei 80° R. verdampft, stützt.

Mit vollem Recht erklärt sich daher Hälschner (Strafrecht S. 565) gegen die Gerechtigkeit Berners und mit demselben Recht, nur leider nicht mit der hier wünschenswerten Entschiedenheit nennt er in § 240 die bedingte Entlassung eine vom rechtlichen Standpunkte aus nicht unbedenkliche Konzession an die Besserungstheorie. —

Wollte man nun aber auch die Gerechtigkeit der Besserung zum Opfer bringen, die bedingte Entlassung ließe sich praktisch gar nicht durchführen ohne in die größten Willkürlichkeiten zu verfallen.

Die eine Bedingung der Entlassung, auf welche es hier allein ankommt, ist die gute Führung, lediglich auf Grund dieser, der „reinlichen Personalakten", wie Mittelstädt sagt, soll entlassen werden. Allein einem Gefangnen die Wohlthat der Entlassung gewähren, weil er nur seine Pflicht, deren Verletzung mit harten Disziplinarstrafen bedroht ist, erfüllt hat [1]), geht nicht wohl an, zumal es allbekannt ist, daß gerade die gefährlichsten Subjekte im Zuchthaus die gefügigsten sind, sich also am besten führen. Daher setzt denn die Praxis an die Stelle der guten Führung wieder die schon im Entwurfe vorgeschlagene, vom Reichstag aber aus guten Gründen beseitigte Bedingung, die Besserung. Der Gefangne soll nur dann entlassen werden, wenn er Beweise der Besserung gegeben hat, die Entlassung ist eine Prämie der Besserung. [2])

Eine Prämie der Besserung sagt man, in Wahrheit aber ist es oft eine Prämie der Heuchelei, denn feststellen läßt sich während der Einsperrung die Besserung nicht, sondern höchstens vermuten. Das Urteil, der Verbrecher habe sich gebessert, findet seine Begründung nur in freien Handlungen; so lange über dem ganzen Thun und Lassen des Gefangnen das Damoklesschwert der Disziplinarstrafen schwebt, und andrerseits die Gewährung so mancher Vergünstigungen, wohl gar die vorläufige Entlassung winkt, ist niemals mit Sicherheit festzustellen, ob seine Handlungen aus Furcht vor Hungerkost und Prügel

[1]) Denn die gute Führung ist Pflicht jedes Gefangnen. Vergl. über diesen Punkt namentlich die beachtenswerte Schrift von A. Bauer, eine Stimme aus Baden über die Revision des deutschen Strafgesetzbuches, 1874.

[2]) Es ist nicht begründet, wenn Schwarze S. 23 sagt, die gute Führung sei heute in der Hauptsache genügend zur Entlassung, vielmehr verlangt man fast allgemein Besserung. Vergl. namentlich die preußische J.M.V. vom 21. Januar 1871 und die badische M.V. vom 29. Dezember 1871.

oder vielleicht aus Hoffnung der Entlassung oder endlich aus aufrichtiger Besserung entstammen.

Ein sehr eifriger Anhänger der bedingten Entlassung, Gysin[1]), hat vor kurzem einmal die „Anhaltspunkte" zur Beurteilung der Moral des Gefangnen zusammengestellt, und es ist immerhin lehrreich, dieselben kennen zu lernen. Es kommt nach Gysin (S. 17) darauf an, wie der Gefangne die Arbeit verrichtet, ob wirklich willig, mit Fleiß und Lust oder nur gezwungen unter dem Drucke des ihm vorgeschriebenen Pensum, wie er den Beamten und Angestellten begegnet und mit seinen Nebengefangnen verkehrt, ob er sichtlich unter der Strafe moralisch leidet oder nicht, ob er sein Verbrechen zugesteht oder dasselbe lügnerisch in Abrede stellt oder zu beschönigen sucht, ob er arme Anverwandte aus seinem Mehrverdienst unterstützt oder nicht, wie er gegenüber den durch sein Verbrechen geschädigten Personen sich benimmt.

Komisch genug nimmt es sich dann neben diesem langen Kataloge aus, wenn dieser Vertreter der Besserungstheorie davor warnt, sich nur nach äußeren, trügerischen Kennzeichen zu richten, wenn er (S. 25) sogar die Zeit der vorläufigen Entlassung erklärt als einen Prüfstein für die Ächtheit der im Gefängnis „zur Schau getragenen" Besserung.

Es dürfte überflüssig sein, auf diese Frage noch weiter einzugehen, das Vorstehende wird genügen zur Begründung des Resultats, daß zwar die Beaufsichtigung der entlassenen Gefangnen ein durchaus richtiger Gedanke, daß aber die vorläufige Entlassung eine verkehrte und zugleich ebenso unzweckmäßige, wie ungerechte Ausführung desselben ist. —

Mit dieser Verwerfung der bedingten Entlassung soll aber der fruchtbare Gedanke, der ihren Ausgangspunkt bildet, nicht verloren gehen, vielmehr ist derselbe, und zwar in seinem vollen Umfange sachgemäß auszugestalten. Es kann dies nur dadurch geschehen, daß jeder Zuchthausgefangne ohne Ausnahme (falls das Gefängnis für nichtehrlose Verbrecher reserviert bleibt) nach Verbüßung seiner Strafzeit auf längere Dauer einer sorgfältigen Beaufsichtigung unterworfen wird.

Hier ist also nicht die Rede von Strafe, sondern von Sicherung des Gemeinwesens vor Rückfällen, und der Staat ist zu dem dafür erforderlichen Mittel gegenüber dem ehrlosen Verbrecher um so mehr

---

[1]) A. Gysin, das Begnadigungswesen in der Schweiz, Liestal 1881.

berechtigt, als letzterm damit kein Übel zugefügt, sondern eine Wohlthat erwiesen werden soll.

Denn eine aufmerksame Überwachung und Leitung des Verbrechers nach seiner Rückkehr in die bürgerliche Gesellschaft liegt offenbar in dessen eigenem Interesse, wenn sie nur nicht nach Art der früheren Polizeiaufsicht (heute ist dieselbe, wie wohl allgemein anerkannt, fast völlig jedes greifbaren Inhalts bar) anstatt das Fortkommen des Beaufsichtigten zu erleichtern, dasselbe erschwert oder ganz unmöglich macht. Daher muß das Eingreifen der niederen Polizeibediensteten auf den Notfall beschränkt bleiben und an deren Stellen sollen nicht etwa andere Staatsbeamte, sondern Private treten. Die Bürgerschaft selbst muß für ihre Sicherheit thätig werden, muß dem Verbrecher die Möglichkeit bieten, sich emporzuarbeiten zu einem ehrenhaften und nützlichen Mitgliede der Gemeinde.

Auf diesem Gebiet der Fürsorge für entlassene Strafgefangne ist noch unendlich wenig geschehen im Verhältnis zu den ebenso schwierigen wie lohnenden Aufgaben, die hier der bürgerlichen Gesellschaft gestellt sind. Denn nur durch eine umfassende, möglichst vielseitige Mitwirkung der Bürgerschaft, nicht durch übertriebene Härte der Strafen wird es dem Staate gelingen, zwar nicht das Verbrechen zu beseitigen, wohl aber es allmählich in enge Grenzen einzuschließen.

Hier, aber auch nur hier, nicht in den Strafanstalten, wo sie sich heute in unnötiger, ja sogar schädlicher Weise breit macht, ist der Ort, an welchem sich die Humanität erproben kann, an welchem sie, statt in leeren und hohlen Phrasen, als werkthätige Nächstenliebe sich entfalten soll. An der Schwelle der Strafanstalt soll sie den entlassenen Verbrecher empfangen, um ihm die Hand zu bieten zur Wiedereinführung ins Leben, um ihn auf diesem für ihn doppelt schweren Wege zu leiten, zu unterstützen und zu fördern.

Allein der Staat darf nicht, und am wenigsten bei uns in Deutschland, abwartend zuschauen, bis sich diese Bewegung für die Schutzvereine in dem Volke entwickelt, vielmehr wird er die ihm so nötige Unterstützung erst dann in genügendem Umfange finden, wenn er selbst zu derselben allgemein aufruft und sie organisiert.

Es ist dies um so unabweisbarer, als die zu bildenden Vereine, sollen sie ihre Aufgabe wirksam erfüllen, unter Staatsautorität arbeiten müssen und von der öffentlichen Gewalt mit den Befugnissen auszustatten sind, deren sie zur Beaufsichtigung und Leitung der Entlassenen bedürfen; auch muß es ihnen in den geeigneten Fällen gestattet sein, polizeiliche Hilfe unmittelbar zu requirieren.

Die pekuniären Mittel, deren es zur Gründung und Entwickelung dieser Schutzvereine bedarf, werden zwar zum größten Teil durch die private Wohlthätigkeit aufgebracht werden müssen, die um so leichter dafür zu gewinnen sein wird, je deutlicher die dem Gemeinwesen so ersprießlichen Zwecke, denen sie dienen soll, hervorgehoben werden; indessen ist auch der Gefangne selbst und nicht an letzter Stelle der Staat dafür heranzuziehen. Der Anteil, der jenem im Zuchthaus aus dem Arbeitserträgnis gutgeschrieben wird, soll bei der Entlassung nicht ihm, sondern dem Vereine, welchem er zuzuweisen ist, übergeben werden, der Staat aber würde einen reichen Beitrag liefern, wollte er, dem hochherzigen Beispiele des österreichischen Entwurfes vom Jahre 1874 folgend, die Geldstrafen und die Erträgnisse der Konfiskationen diesen Vereinen und damit der Unterstützung entlassener Gefangner zuwenden.

So wird an die Stelle der Polizeiaufsicht die Volksaufsicht treten und den Zweigen der Selbstverwaltung das edelste Reis eingefügt werden mit dieser Sorge für die gefallenen Brüder und dadurch zugleich für die Sicherung des Gemeinwesens, für das Wohl des Vaterlandes. —